Cockaigne

Gregor Sailer

COC

KAI GNE

KEHRER

D DJM

David Julian McClements

Wie wir die Zukunft ernähren – Erfindungsreichtum, Industrie und Illusion

Hintergrund

In seinen Arbeiten hinterfragt der österreichische Fotograf Gregor Sailer, wie wir unsere konstruierten Umgebungen wahrnehmen und verstehen. Frühere Serien wie *Closed Cities* (2012), *The Potemkin Village* (2017) und *The Polar Silk Road* (2021) konzentrieren sich auf die Versuche des Menschen, sich an einen oftmals feindlichen Planeten anzupassen und ihn zu beherrschen, was anhand von Bildern vielfältiger architektonischer Konstruktionen veranschaulicht wird.

In seinem neuen Buch *Cockaigne* greift Sailer nicht nur einige dieser Themen auf, sondern auch mehrere neue. Es zeigt die innovativen Ernährungsweisen der Menschen und präsentiert eindrucksvolle Bilder, mit denen die vielfältigen und oft ungewohnten Methoden der Lebensmittelproduktion, -verarbeitung und -verteilung offengelegt werden. Von der traditionellen kleinbäuerlichen Landwirtschaft bis hin zur futuristischen industriellen Großproduktion dokumentieren seine Arbeiten, wie Menschen in unterschiedlichsten Umgebungen das komplexe Problem lösen, sich selbst, ihre Nachbar:innen und die Welt – und vielleicht sogar andere Welten – mit Nahrung zu versorgen. Sailers Fotografien veranschaulichen dabei nicht nur die Kreativität, den Erfindungsreichtum und die Widerstandsfähigkeit der Einzelnen, sondern auch, wie stark unser Ernährungssystem der Kontrolle unsichtbarer Kräfte unterworfen ist.

Land of Cockaigne

Sailers neues Buch ist vom „Land of Cockaigne" – im deutschen Sprachgebrauch später als „Schlaraffenland" bezeichnet – inspiriert, einer im mittelalterlichen Europa weitverbreiteten mythischen Utopie, in der es Essen und Vergnügen im Überfluss gibt und Arbeit unnötig ist. Dieser Mythos half den Bäuer:innen vermutlich dabei, ihrem von Armut und Überlebenskampf geprägten Alltag gedanklich zu entfliehen. Zugleich wurde er als Protest gegen die Herrschenden gesehen. Jahrhunderte später scheinen wir nun tatsächlich im „Land of Cockaigne" zu leben. Unsere Supermarktregale quellen über vor köstlichen und preiswerten Lebensmitteln. Wir müssen weder den Boden bewirtschaften noch Saatgut aussäen, Getreide ernten, Mehl mahlen oder Brot backen. Die Zucht und Schlachtung von Tieren, das Fangen von Fischen – all das wird für uns erledigt. Doch ist unser modernes Schlaraffenland nicht nur eine weitere Illusion, mit der wir uns über die Leere unseres Alltags hinwegtäuschen?

In diesem einleitenden Beitrag versuche ich, Sailers Arbeit aus Sicht eines Lebensmittelwissenschaftlers zu beleuchten, der sich für eine gesündere, nachhaltigere und gerechtere Nahrungsmittelversorgung einsetzt.

Der Siegeszug der modernen Lebensmittelindustrie

Lebensmittel nehmen in unser aller Leben eine zentrale Stellung ein. Sie nähren uns, schenken uns Genuss und stiften Gemeinschaft. Sie haben Einfluss auf unsere Gesundheit und unser Wohlbefinden sowie auf den Zustand und die nachhaltige Nutzung unserer Umwelt. Doch nur wenige von uns wissen wirklich, wie die Nahrungsmittel, die wir täglich konsumieren, von der modernen Lebensmittelindustrie produziert, verarbeitet und vertrieben werden – und welche weitreichenden Folgen dieses gigantische, vernetzte System für unsere Gesundheit und Umwelt hat. Wir halten es für selbstverständlich, dass in unseren Supermärkten, Geschäften, Cafés und Restaurants stets sichere, erschwingliche, praktische und verlockende Lebensmittel verfügbar sind, aber wir können kaum einschätzen, wie sie dorthin kommen und welche ökologischen und sozialen Kosten damit einhergehen. Die eindrucksvollen Bilder in Sailers neuem Buch helfen uns dabei, die moderne Lebensmittelindustrie und die zentrale Rolle, die sie in unserem Leben spielt, besser zu verstehen.

Im vergangenen Jahrhundert war die Lebensmittelindustrie erstaunlich erfolgreich darin, ein reichhaltiges und vielfältiges Nahrungsangebot zu schaffen, das maßgeblich dazu beitrug, die wachsende Weltbevölkerung zu ernähren. Die Agrarwirtschaft hat sich durch zahlreiche wissenschaftliche und technologische Innovationen verändert, wurde produktiver, zuverlässiger und widerstandsfähiger. Zu diesen Neuerungen zählen Fortschritte in der Chemie (Düngemittel und Pestizide), der Biologie (genetische Veränderung von Nutzpflanzen und Nutztieren durch selektive Züchtung, Hybridisierung und Genbearbeitung), der Physik (Wettervorhersage und -überwachung) sowie der Technik (Mechanisierung, Digitalisierung und Automatisierung). Parallel dazu gab es in der Lebensmittelverarbeitung, -lagerung und -verteilung bedeutende Innovationen, die zu einer erheblichen Verbesserung von Preisen, Qualität, Verlässlichkeit und Sicherheit unserer Nahrung führten. Der Siegeszug der modernen Lebensmittel- und Agrarindustrie kam Milliarden von Menschen zugute – nichtsdestotrotz ist unser heutiges Schlaraffenland vielleicht nur ein weiterer Mythos. Ein Mythos, der über drängende Probleme in Bezug auf Gesundheit, Nachhaltigkeit und Gerechtigkeit hinwegtäuscht.

Die Schattenseiten der modernen Lebensmittelindustrie

Negative Auswirkungen auf unsere Umwelt

Die extensive moderne Lebensmittelproduktion wirkt sich verheerend auf unsere Umwelt aus. So trägt die Viehwirtschaft maßgeblich zu den Treibhausgasemissionen bei, die wiederum die globale Erwärmung und den Klimawandel beschleunigen. Sie beansprucht riesige Mengen an Land und Süßwasser, was zur Erschöpfung natürlicher Ressourcen und zu einem dramatischen Verlust der Artenvielfalt führt. Zudem entstehen erhebliche Mengen an Schadstoffen, die Böden, Gewässer und Luft kontaminieren. Industrielle Fischereipraktiken dezimieren die Bestände an Fischen und anderen Meerestieren in unseren Ozeanen. Durch das Wachstum der Weltbevölkerung und den steigenden Wohlstand werden die negativen Auswirkungen der Massentierhaltung und industriellen Fischerei stetig verstärkt, da die Nachfrage nach Fleisch, Meeresfrüchten und anderen proteinreichen tierischen Erzeugnissen weiter steigt.

Generell haben die Aktivitäten des Menschen im vergangenen Jahrhundert zu einem alarmierenden Anstieg der globalen Durchschnittstemperaturen sowie zu unvorhersehbaren und extremen Wetterbedingungen auf der ganzen Welt geführt. Diese Klimaveränderungen erschweren eine verlässliche Lebensmittelproduktion. Es ist daher dringend notwendig, das moderne Lebensmittelsystem neu zu gestalten, um weniger zum Klimawandel beizutragen und gleichzeitig schnell auf dessen Auswirkungen reagieren zu können. Aus diesem Grund setzt die Lebensmittel- und Agrarwissenschaft modernste Technologien ein, um diesen Herausforderungen zu begegnen: Genomeditierung, Nanotechnologie, Metabolomik, Digitalisierung, künstliche Intelligenz, Automatisierung und Robotik. Fortschrittliche Genomeditierungstechnologien wie CRISPR ermöglichen es, landwirtschaftliche Nutzpflanzen gezielt so zu verändern, dass ihre Erträge steigen, sie widerstandsfähiger gegen den Klimawandel werden und weniger Abfall entsteht. Um die Effizienz von Pestiziden und Düngemitteln zu steigern, kommt Nanotechnologie zum Einsatz – so lassen sich die Ernteerträge erhöhen und die Umweltbelastung reduzieren. In der Präzisionslandwirtschaft ermöglichen innovative Sensortechnologien, Roboter und Drohnen eine bedarfsgerechte Bewässerung, Behandlung und Ernte von Pflanzen – dadurch sinkt der Verbrauch von Wasser, Pestiziden und Düngemitteln. Gegenwärtig sind diese und andere moderne Technologien jedoch kostenintensiv und stehen hauptsächlich Landwirt:innen in reicheren Industrieländern zur Verfügung. Zukünftig sollten diese Technologien kostengünstiger und leichter zugänglich werden, um auch die Produktivität landwirtschaftlicher Betriebe in Entwicklungsländern zu steigern, die häufig deutlich weniger effizient sind.

Darüber hinaus erproben viele Landwirt:innen nachhaltigere und umweltfreundlichere Methoden wie biologische und regenerative Landwirtschaft, während Lebensmittelunternehmen nachhaltigere Produkte auf Basis alternativer Proteinquellen entwickeln: von Pflanzen, Insekten, Myzelien, Algen und Quallen bis hin zu Präzisionsfermentation und In-vitro-Fleisch. Sailers Bilder fangen die surrealen Landschaften dieser modernen Lebensmittelproduktionsanlagen ein, die oft eher an Science-Fiction-Städte als an traditionelle Bauernhöfe und Küchen erinnern. In unserem modernen Schlaraffenland können wir vielleicht ein reichhaltigeres Angebot an köstlichen, nahrhaften und nachhaltigen Lebensmitteln erzeugen, aber wir verlieren immer mehr den Bezug zu ihren Produktionsmethoden.

Die moderne Lebensmittelindustrie zählt zu den Industrien mit dem höchsten Kunststoffverbrauch. Kunststoffe werden häufig verwendet, um Lebensmittel während Lagerung und Transport vor Beschädigung und Verunreinigung zu schützen, was deren Qualität und Haltbarkeit verbessert und die Abfallmenge reduziert. Doch Kunststoffe können sich auch nachteilig auf unsere Umwelt auswirken. Nach der Entsorgung zerfallen sie und setzen dabei winzige Partikel frei, die als Mikroplastik oder Nanoplastik bekannt sind. Diese gelangen häufig über landwirtschaftliche Nutzpflanzen, Nutztiere und Fische in die menschliche Nahrungskette. Da der Verzehr mikroplastik- und nanokunststoffhaltiger Lebensmittel negative Auswirkungen auf die menschliche Gesundheit haben kann, forscht die Wissenschaft an neuen Strategien, um Mikroplastik in der Lebensmittelkette aufzuspüren und zu entfernen. Des Weiteren werden biologisch abbaubare Materialien aus natürlichen Polymeren entwickelt – wie Proteine und Polysaccharide aus landwirtschaftlichen Abfallströmen –, die als Ersatz für herkömmliche Kunststoffe dienen können. Die Entwicklung biologisch abbaubarer Materialien, die preislich, mengenmäßig und funktional mit Kunststoffen konkurrieren können, bleibt jedoch eine große Herausforderung.

Negative Auswirkungen auf unsere Gesundheit

Das gegenwärtige Lebensmittelsystem schadet nicht nur der Umwelt, sondern hat auch negative Auswirkungen auf unsere Gesundheit und unser Wohlbefinden. In einigen Regionen der Welt leiden Hunderte Millionen von Menschen an Unterernährung, weil sie nicht genügend Kalorien oder Mikronährstoffe zu sich nehmen – und das, obwohl weltweit bereits mehr als genug Lebensmittel produziert werden, um alle zu ernähren. Im Gegensatz dazu leiden Milliarden von Menschen an chronischen Krankheiten, die auf Überernährung oder ungesundes Essen zurückzuführen sind. Vor allem ernährungsbedingte chronische Krankheiten wie Adipositas, Diabetes, koronare Herzkrankheiten, Bluthochdruck, Schlaganfall und Depressionen sind in vielen Ländern weitverbreitet und nehmen zu. Häufig entstehen diese Krankheiten durch übermäßigen Verzehr von stark verarbeiteten Lebensmitteln mit hohem Kalorien-, Fett-, Zucker- und Salzgehalt. Tatsächlich leben viele Menschen, vor allem ärmere, in Food Deserts, in denen ihnen überwiegend ungesunde und hochverarbeitete Lebensmittel zur Verfügung stehen. Die Lebensqualität und Lebenserwartung der von diesen ernährungsbedingten Krankheiten betroffenen Menschen ist oft stark beeinträchtigt. Darüber hinaus verursacht die Behandlung dieser Krankheiten enorme wirtschaftliche Kosten.

Ein weiterer wichtiger Schwerpunkt der modernen Lebensmittel- und Ernährungswissenschaft ist es daher, die Ursachen dieser ernährungsbedingten Krankheiten zu verstehen und eine Lebensmittelversorgung zu entwickeln, mit der sich diese Krankheiten verhindern oder behandeln lassen. Idealerweise wäre das Problem zu lösen, wenn Menschen motiviert würden, ihre Mahlzeiten selbst aus frischem Obst, Gemüse, Vollkorn, Nüssen und anderen Naturprodukten zusammenzustellen. Die meisten Menschen haben jedoch weder die Zeit noch die Mittel oder den Wunsch, ihr gesamtes Essen komplett selbst frisch zuzubereiten. Sie leben gerne im Schlaraffenland, wo es köstliche Lebensmittel im Überfluss gibt. Aus diesem Grund versucht die Wissenschaft, verarbeitete Lebensmittel so zu verändern, dass sie gesünder werden. Dazu gehört, unerwünschte Nährstoffe wie Fett, Zucker und Salz zu entfernen oder zu reduzieren und den Gehalt an erwünschten Nährstoffen wie Ballaststoffen, Omega-3-Fettsäuren, Vitaminen und Mineralstoffen zu erhöhen und ihre Wirkung auf unseren Darm zu steuern – etwa durch eine bessere Bioverfügbarkeit und verstärkte Sättigungswirkung.

Wie bereits erwähnt, sind derzeit zahlreiche Lösungsansätze in der Entwicklung, um diese Gesundheitsrisiken in den Griff zu bekommen. Manche zielen darauf ab, verarbeitete Lebensmittel gesünder zu machen, während andere die Rückkehr zu frischen, vollwertigen Lebensmitteln propagieren. Sailers Bilder dokumentieren beide Extreme dieses Spektrums – von futuristischen Lebensmittelfabriken und Farmen bis hin zu gemeinschaftlich organisierten bäuerlichen Basisinitiativen. Die nächste Generation verarbeiteter Lebensmittel wird in hochmechanisierten, digitalisierten und automatisierten Anlagen, beispielsweise auf Megafarmen, in Hallengewächshäusern, Bioreaktoren und Aquakulturbecken, sowie durch andere hochentwickelte Produktionsverfahren hergestellt, deren Entwicklung und Steuerung oft durch künstliche Intelligenz erfolgt. Neben ihrer Anwendung auf der Erde untersucht die Forschung auch das Potenzial dieser Technologien für die Ernährung von Astronaut:innen bei Weltraummissionen oder bei der Besiedlung anderer Planeten – wie Sailers eindrucksvolle Fotos der EDEN Initiative und der LUNA Analog Facility des Deutschen Zentrums für Luft- und Raumfahrt und der Europäischen Weltraumorganisation zeigen. Die mit diesen fortschrittlichsten Verarbeitungstechnologien erzeugten Lebensmittel mögen zwar gesünder und nachhaltiger sein, doch wir verlieren zunehmend das Wissen und die Kontrolle über ihre Herstellung.

Einige Lebensgemeinschaften versuchen, ihre Lebensmittelversorgung wieder unabhängiger zu gestalten, indem sie Lebensmitteloasen einrichten, in denen Bewohner:innen verschiedene Obst- und Gemüsesorten sowie andere vollwertige Lebensmittel selbst anbauen, ernten und teilen. Diese Food Forests entstehen sowohl in den Sandwüsten Afrikas als auch in den urbanen Wüsten Nordamerikas. An manchen Orten werden Hightech und gemeinschaftlich betriebene Ansätze in überraschender Weise kombiniert – beispielsweise in umfunktionierten Schiffscontainern, in denen die Inuit in der Arktis hydroponisches Gemüse anbauen, um trotz des rauen Klimas ihre Ernährung zu sichern. Sailers Bilder zeigen einmal mehr die unterschiedlichen Wege, auf denen Menschen je nach Ort und Umständen versuchen, sich zu ernähren, sowie ihre Bemühungen, die Kontrolle über die Produktion ihrer Lebensmittel zurückzugewinnen.

Negative Auswirkungen auf andere Lebewesen

Auch für die anderen Lebewesen, mit denen wir den Planeten teilen, hat die moderne Lebensmittelversorgung verheerende Folgen. Die industrielle Viehwirtschaft wirft gravierende ethische Fragen bezüglich des Tierwohls auf. Mehr als 70 Milliarden Tiere, hauptsächlich Geflügel, enden gegenwärtig jedes Jahr für die Nahrungsmittelproduktion in den Schlachthöfen. Im Durchschnitt sind es sekündlich etwa 2.000 Hühner, 50 Schweine, 20 Schafe und 10 Kühe, die für den menschlichen Verzehr getötet werden. Darüber hinaus verursacht die Umwandlung großer Naturgebiete in landwirtschaftliche Flächen zur Herstellung von Viehfutter – insbesondere die Sojafarmen im Amazonasgebiet – einen dramatischen Verlust der biologischen Vielfalt. Ganze Arten sterben aus und kehren nie zurück. Die Neugestaltung des modernen Lebensmittelsystems sollte daher nicht nur das Wohlergehen unserer eigenen Art, sondern auch das aller anderen Arten berücksichtigen. Hier wird es entscheidend sein, bei der Nahrungsmittelversorgung weniger auf Viehzucht und industrielle Fischerei zu setzen und stattdessen verstärkt auf alternative Proteinquellen umzusteigen.

Erfindungsreichtum, Widerstandsfähigkeit und Kontrolle

Die Erfolge und Misserfolge des modernen Lebensmittelsystems sind seit Langem Gegenstand wissenschaftlicher Forschung und politischer Debatten. Mit eindrucksvollen Bildern macht Sailer diese Themen in seinem Buch jedoch unmittelbar erfahrbar. Seine Arbeit fängt die Widerstandsfähigkeit und den Erfindungsreichtum der Menschen ein und verdeutlicht zugleich die Kluft zwischen dem, was wir wahrnehmen, und der Art, wie unsere Lebensmittel tatsächlich produziert werden. Seine Fotografien zeigen die surrealen und ungewohnten Landschaften der modernen Lebensmittelproduktion.

Vielleicht glauben wir, in einem Schlaraffenland zu leben, in dem Lebensmittel reichlich vorhanden, köstlich, nahrhaft und nachhaltig sind. Doch wie *Cockaigne* zeigt, ist diese Wahrnehmung ebenso eine Illusion wie es das Paradies aus der mittelalterlichen Mythologie war. Indem er sich mit diesen Illusionen auseinandersetzt, regt Sailer uns dazu an, unsere Beziehung zu Lebensmitteln, zu den Systemen, die sie produzieren, und zu den Machtstrukturen, die unsere Welt prägen, zu überdenken.

Abschließend möchte ich betonen, dass diese vielfältigen und innovativen Fotografien das Resultat von Sailers jahrelanger, intensiver Arbeit sind. Viele der von ihm aufgenommenen Bilder entstanden in streng gesicherten Bereichen, zu denen die meisten Menschen keinen Zugang haben. Für diese Orte waren spezielle Genehmigungen erforderlich, die sich oft nur zeitaufwendig und mühsam beschaffen ließen. Mit Erfindungsreichtum, Mut und Ausdauer ist es Gregor Sailer gelungen, dieses komplexe Projekt zu verwirklichen und den Schleier über der sonst verborgenen Welt des modernen Lebensmittelsystems zu lüften.

E DJM

David Julian McClements

Feeding the Future: Ingenuity, Industry, and Illusion

Background: The Photographer and His Work

Gregor Sailer is an Austrian photographer whose work challenges the way we see and understand our constructed environments. His previous works, including *Closed Cities* (2012), *The Potemkin Village* (2017), and *The Polar Silk Road* (2021), have focused on humanity's attempts to adapt to and control an often hostile planet through images of diverse architectural constructions.

Gregor takes up some of these themes, as well as several new ones, in his new book *Cockaigne*. This work showcases the innovative ways humans have found to sustain themselves, presenting striking images that reveal diverse and often unfamiliar methods of food production, processing, and distribution. From small-scale traditional farming to large-scale futuristic industrial manufacturing, his work shows how humans living in vastly different environments with different skills, experiences, and resources solve the complex problem of feeding themselves, their neighbors, and the world (and maybe even other worlds). His photographs highlight the creativity, ingenuity, and resilience of individuals, as well as the high level of control of our food system by unseen powers.

The Myth of Cockaigne

Gregor's new book takes its inspiration from the Land of Cockaigne, a mythical utopia prevalent in medieval Europe, where food and pleasure are abundant, and work is unnecessary. It is believed that peasants used this myth to obtain some respite from their poverty and arduous daily struggles. Centuries later, we seem to be living in Cockaigne. Our supermarket shelves are stacked high with an array of delicious and inexpensive foods. We do not need to till the ground, plant the seeds, harvest the crops, grind the flour, and bake the bread. We do not need to raise and slaughter animals or catch fish—it is all done for us. But is our modern land of plenty simply another illusion we use to find relief from the poverty of our everyday lives?

In this introductory piece, I attempt to provide some context for Gregor's work from the perspective of a food scientist trying to create a more healthy, sustainable, and equitable food supply.

The Success of the Modern Food Industry

Food plays a central role in all our lives. It provides us with sustenance, pleasure, and community. It influences our health and well-being. It affects the quality and sustainability of our environment. However, few of us really understand how the foods we consume are produced, processed, and distributed by the modern food industry, as well as the impact of this vast interconnected system on our health and environment. We take it for granted that there will always be safe, affordable, convenient, and desirable foods within our supermarkets, shops, cafes, and restaurants, but we do not appreciate how they got there, or the environmental and social costs involved. The stunning images in Gregor's new book help us to better understand the modern food industry and its critical role in our lives.

Over the past century, the food industry has been extraordinarily successful in producing an abundant and diverse supply of food products that have helped to nourish the growing global population. Farming has been transformed by numerous scientific and technological innovations that have made it more productive, reliable, and resilient. These innovations include advances in chemistry (fertilizers and pesticides), biology (genetic manipulation of agricultural crops and livestock by selective breeding, hybridization, and gene editing), physics (weather prediction and monitoring), and engineering (mechanization, digitalization, and automation). Similarly, there have been major innovations in food processing, storage, and distribution that have improved the affordability, quality, reliability, and safety of our foods. The success of the modern food and agricultural industries has benefited billions of people, but our contemporary Land of Cockaigne may still be a myth—one that obscures urgent problems in health, sustainability, and fairness.

Failures of the Modern Food Industry

Damaging Our Environment

Large-scale modern food production is having a severely deleterious impact on our environment. Livestock production is a major contributor to greenhouse gas emissions, which are accelerating global warming and climate change. It requires large amounts of land and fresh water, which is depleting natural resources and causing rapid biodiversity loss. It also generates large amounts of pollutants that are contaminating our land, water, and air. Industrial fishing practices are depleting our oceans of fish and other marine life. As the global population grows and people become wealthier, the adverse effects of large-scale livestock production and industrial fishing will intensify because there will be a greater demand for meat, seafood, and other protein-rich animal products.

In general, human activities over the past century or so have led to an alarming rise in average global temperatures, as well as unpredictable and extreme weather conditions around the planet. These changes in climate are making it more challenging to reliably produce foods. Consequently, there is an urgent need to redesign the modern food system to minimize its contribution to, as well as to ensure that it can rapidly respond to the effects of, climate change. Food and agricultural scientists are therefore employing modern technologies to address these issues, including gene editing, nanotechnology, metabolomics, digitization, artificial intelligence, automation, and robotics. For instance, advanced gene editing technologies, such as CRISPR, are being used to genetically engineer agricultural crops to increase their yields, enhance their resilience to climate change, and reduce waste. Nanotechnology is being used to improve the efficiency of pesticides and fertilizers, thereby enhancing crop yields and reducing pollution. Innovative sensor technologies, robots, and drones are being used in precision agriculture to water, treat, and harvest crops precisely when they need it, so as to reduce water, pesticide, and fertilizer use. At present, these and other modern technologies are expensive and only available to farmers who are relatively rich and who are mainly based in developed countries. In future, these technologies should be made cheaper and more accessible, so they can be used to improve the productivity of farms in developing countries, where agricultural production is often much less efficient.

Moreover, many farmers are exploring more sustainable and environmentally friendly practices, such as organic and regenerative agriculture, while food companies are developing more sustainable products based on alternative protein sources, such as plants, insects, mycelium, algae, jellyfish, precision fermentation, and cultured meat. Gregor's images capture the surreal landscapes of these modern food production facilities, which often resemble science-fiction cityscapes more than traditional farms and kitchens. In our contemporary Land of Cockaigne, we may be able to create a more abundant supply of delicious, nutritious, and sustainable foods—but we are becoming even more divorced from their means of production.

The modern food system is one of the biggest users of plastics. These materials are widely used to protect our foods from damage and contamination during storage and transport, which increases their safety and shelf life, and reduces waste. But plastics are also causing adverse effects on our environment. After disposal, they degrade, releasing tiny particles known as microplastics or nanoplastics. These miniscule particles are often taken up by agricultural crops, livestock, and fish, thereby entering the human food chain. Consumption of foods containing microplastics and nanoplastics has been linked to adverse human health effects. Consequently, scientists are developing new strategies to detect and remove them from the food supply chain. In addition, they are developing more biodegradable materials from natural polymers (such as proteins and polysaccharides from agricultural waste streams) that can be used as alternatives to conventional plastics. However, creating biodegradable materials that can compete with plastics in terms of price, scale, and functionality is still extremely challenging.

Damaging Our Health

As well as damaging the environment, the current food system is also having adverse effects on human health and well-being. In some regions of the world, hundreds of millions of people are malnourished because they do not get sufficient calories or micronutrients in their diet. This is despite the fact that the world already produces more than enough nutritious foods to feed everyone. In contrast, billions of people are suffering from chronic diseases related to overeating or consuming the wrong types of foods. In particular, diet-related chronic diseases such as obesity, diabetes, coronary heart disease, hypertension, stroke, and depression are prevalent and rising in many countries. These diseases are often the result of consuming excessive amounts of highly processed foods that contain high levels of calories, fats, sugars, and salts. Indeed, many people, especially poorer ones, live in food deserts where the majority of foods available to them are unhealthy ultra-processed ones. The quality and length of life of people suffering from these diet-related diseases is often highly curtailed. Moreover, there are enormous economic costs associated with treating these diseases.

Another important area of modern food and nutrition science is therefore to understand what is causing these diet-related diseases, and to develop a food supply that can prevent or treat them. Ideally, this problem could be addressed by encouraging people to prepare their own meals from fresh fruits, vegetables, whole gains, nuts, and other natural products. However, most people do not have the time, resources, or desire to prepare all of their own meals from scratch. They like living in the Land of Cockaigne, where delicious foods are abundant. Consequently, scientists are trying to redesign processed foods to make them healthier, which may involve removing or reducing the level of undesirable nutrients (fat, sugar, and salt), increasing the level of desirable nutrients (dietary fibers, omega-3 fatty acids, vitamins, and minerals), or controlling their behavior in our guts (such as enhancing their bioavailability and satiety responses).

As mentioned, a variety of solutions are being developed to address these health issues. Some of them involve reengineering processed foods to make them healthier, while others involve returning to fresh, whole foods. Gregor's images document both ends of this spectrum, from futuristic food factories and farms to grassroots community-led farming initiatives. Next-generation processed foods are being produced using highly mechanized, digitized, and automated facilities, such as mega-farms, indoor greenhouses, bioreactors, aquaculture tanks, and other advanced manufacturing operations, which are often designed and controlled by artificial intelligence. As well as their application on Earth, these technologies are being explored for their potential to feed astronauts traveling through space or colonizing other planets, as highlighted by Gregor's striking photographs of EDEN Initiative and the LUNA Analog Facility run by the German Aerospace Centre and European Space Agency. The foods produced using these advanced processing technologies may be healthier and more sustainable, but we are increasingly losing our knowledge about and control over their production.

Some communities are trying to reclaim their nutritional autonomy by establishing food oases where a variety of fruits, vegetables, and other whole foods are being grown, harvested, and shared. These "food forests" are springing up in the sandy deserts of Africa, as well as in the urban deserts of North America. In some places, high-tech and community-driven approaches are being combined in surprising ways, such as with repurposed shipping containers in the Arctic, where Inuit peoples are growing hydroponic vegetables to feed themselves in spite of their harsh climate. Again, Gregor's images show the diverse ways people living in different places and circumstances strive to feed themselves, as well as their efforts to gain control over how their foods are produced.

Damaging Other Creatures

The modern food supply is also having a devastating impact on the other species who share our planet. There are stark ethical issues linked to animal welfare within the modern livestock industry. Over 70 billion animals, mainly poultry, are currently slaughtered each year for food. On average, there are around 2,000 chickens, 50 pigs, 20 sheep, and 10 cows killed every second for human consumption. Moreover, converting large swathes of natural areas into agricultural lands to produce livestock feed, particularly soybean farms in the Amazon, is leading to a dramatic loss in biodiversity. Entire species are becoming extinct and will never return. Redesigning the modern food system should therefore account for the welfare of other species, as well as our own. Transforming from a food supply that relies strongly on livestock production and industrial fishing to one that relies more on alternative protein sources will be critical to addressing these issues.

Human Ingenuity, Resilience, and Control

Scientific research and policy discussions have long documented the successes and failures of the modern food system. However, Gregor's new book brings these issues to life through his striking images. His work captures human resilience and ingenuity while highlighting the gap between what we see and how our food is produced. His photographs highlight the surreal and unfamiliar landscapes found in much of the modern food production system.

We may believe we live in a land of endless plenty, where food is abundant, delicious, nutritious, and sustainable. But as *Cockaigne* reveals, this perception is as much an illusion as the mythical paradise of medieval folklore. By confronting these illusions, Gregor challenges us to reconsider our relationship with food, the systems that produce it, and the power structures that shape our world.

Finally, it should be stressed that the diverse range of innovative photographs appearing in this book are the result of years of work and considerable efforts by Gregor. Indeed, many of the images he has captured were taken in highly restricted areas where most people do not have access, and required specific permissions, which were often time-consuming and arduous to obtain. It is a testament to Gregor's ingenuity, courage, and resilience that he has managed to bring this complex project to fruition and draw back the veil on the usually hidden world behind the modern food system.

D LOK

Lisa Ortner-Kreil

Cockaigne für die Augen – zu einer neuen Werkserie von Gregor Sailer und ihrer kunsthistorischen Einordnung

Gregor Sailer (geb. 1980 in Schwaz, lebt in Vomp, Tirol) arbeitet mit dem Medium Fotografie und verkörpert für mich eine ganz markante, singuläre Position der österreichischen Gegenwartskunst. Seit einigen Jahren kenne ich sein Werk nun schon und beobachte, wie er kompromisslos seine künstlerischen Langzeitprojekte entwickelt und verfolgt. Was 2005 mit einer Serie über die *Kokerei Hansa* begann, eine 1928 in Betrieb genommene und bis 1992 produzierende Großkokerei im Ruhrgebiet – die Aufmerksamkeit des Künstlers gilt in diesen frühen Schwarz-Weiß-Fotografien bereits „der Architektur und der Technik als stille, ästhetische Größen"[1] –, führte über die Projekte *Closed Cities* (2012), *The Potemkin Village* (2017) und *The Polar Silk Road* (2021) nun hin zu einem neuen Kapitel mit dem Titel *Cockaigne* (2025).

Gregor Sailers Medium der Wahl ist eine analoge Großformatkamera, die technisch beste Option für seine detailreichen und sehr kontrollierten bildnerischen Kompositionen. In den letzten Jahren hat der Künstler vor allem Architekturen in geopolitischen Spannungsgebieten in den Blick genommen: militärische Sperrzonen, Flüchtlingslager oder Gated Communitys. Obwohl sich argumentieren lässt, dass Zeit – Vergangenheit, Gegenwart und Zukunft – bei Sailer immer eine Größe ist, die in nahezu allen Projekten eine Rolle spielt, erscheint es mir als fast logische Konsequenz, dass der Künstler nach den Serien *The Potemkin Village*, die sich vor allem auf die Vergangenheit konzentrierte, und *Closed Cities*, deren Fokus besonders auf der Gegenwart lag, seine Kamera nun thematisch in die Zukunft richtet. *Cockaigne* antwortet mit Bildern auf eine existenzielle Frage: Wie kann sich die Menschheit im Angesicht von Klimakatastrophe und Überbevölkerung künftig ernähren? Wir sehen Food Deserts, kultivierungsfeindliche Gebiete, in denen Lebensmittelsysteme erprobt werden, und Food Forests, Lebensmittelwälder, die mithilfe essbarer Pflanzen natürliche Waldstrukturen nachbilden, aber auch Hochsicherheitsrechenzentren, in denen Big Food Data verarbeitet wird, und Produktionsstätten für pflanzlich generiertes Fleisch. Sailer zeigt uns Algen-, Quallen- und Insektenfarmen, Urban Underground Farming und riesige, hochtechnisierte Gewächshäuser.

Diese Bilder mit großteils kühlen, sci-fi-artig anmutenden Oberflächen scheinen direkt aus der Zukunft zu kommen. Der Titel *Cockaigne* hingegen hat seinen Ursprung in der Vergangenheit und bezieht sich auf die mythische, mittelalterliche Vorstellung eines Schlaraffenlands, in dem Nahrung und Vergnügen im Überfluss vorhanden sind. Der Begriff wird erstmals im 13. Jahrhundert schriftlich überliefert, hat seine Wurzeln aber wohl in wesentlich älteren Mythen und wurde im Mittelalter als utopisch-satirisches Gegenbild zur harten Lebensrealität verstanden. Die bekannteste Darstellung des Cockaigne-Mythos stammt von Pieter Bruegel dem Älteren (1525–1569). Sein 1567 entstandenes Gemälde *Das Schlaraffenland* befindet sich in der Alten Pinakothek in München und zeigt unter anderem drei am Boden liegende Figuren, ermattet nach einer Völlerei, ein mit Kuchen „gedecktes" Dach und einen sich unter der Last der Nahrung biegenden Tisch. Bruegel greift hier humorvoll ein beliebtes Volksmotiv auf, entlarvt die Vorstellung eines Paradieses ohne Arbeit aber gleichzeitig als fragwürdig und moralisch verwerflich.

Einer speziellen Ambivalenz spürt auch *Cockaigne* nach. Menschen spart Gregor Sailer jedoch in seinen Bildern aus. Und dennoch ist alles, absolut alles, was er fotografiert, „Menschenwerk". Die von menschlicher Hand erbauten Gebäude, die skulptural und monolithisch, oft einschüchternd und im nächsten Moment gerade aufgrund ihrer Monumentalität fast unecht wirken, sind die Protagonisten seiner Bilder. Der Rechercheaufwand ist enorm: Als Ein-Mann-Betrieb sucht und findet Sailer zumeist über das Internet die Orte, an denen er fotografieren möchte. Er kommuniziert im Vorfeld, bereitet alles vor, verschafft sich Informationen und schließlich Zutritt, unternimmt unter unwirtlichsten Bedingungen Reisen in entlegenste und oftmals politisch brisante Gebiete. Gerade weil diese Bilder menschenleer sind, sagen sie eine Menge über die Verfasstheit der Welt zu der Zeit, in denen diese Bauwerke und Räume entstanden sind, aus. Es hagelt Zentralperspektiven und massive Auf- und Untersichten, unser Blick wird von Linien, Kanten und Fluchtpunkten geleitet. Dabei geht es aber niemals nur um die architektonische Ästhetik. Jede Fassade, jeder Innenraum, jedes Detail wird zu einem Pars pro Toto für Kultur und den Menschen, der sich via Architektur in seinem unbeugsamen Streben nach Kontrolle, Macht und Überlegenheit ausdrückt. Sailer kartografiert unsere globalisierte Welt sowohl künstlerisch als auch wissenschaftlich.

Während die Lebensmittelerzeugung, wie Gregor Sailers Bilder zeigen, in Innenräume verlegt wird, die einem OP gleichen, weichen Latzhose und Gummistiefel der landwirtschaftlichen Arbeiter:innen den Laborkitteln. Die Gewächshäuser in Kentucky, die der Künstler mehrmals von außen fotografiert hat, wirken wie riesige Skulpturen: Ein geheimnisvolles rosa Licht erfüllt einen Tausende Quadratmeter großen Innenraum, der sich gegen einen düsteren Himmel abhebt. Im Inneren wachsen perfekt gedeihende, über jeden optischen Makel erhabene Tomatenrispen, die sich in gewaltigen Kaskaden vom Boden bis zur Decke schlängeln. Dieses Gewächshaus operiert jedoch ohne Erdreich, dafür aber mit Robotik und KI: Zwischen dem kultivierten Gemüse ist am Boden eine zentrale Schiene auszumachen, die zur computergesteuerten Pflanzenversorgung dient. Licht, Wasser und Düngemittel – alles kontrolliert und mit höchstem technischen Aufwand aufgebracht und optimiert. Während Bruegel in seinem Schlaraffenland durchaus moralisieren will, liegt Sailer dies fern. Vielmehr zeichnet er in einem kontrollierten, neutralen Duktus ein schier sprachlos machendes, diverses Bild zeitgenössischer Lebensmittelversorgung und Biotechnologie der Zukunft, die bereits stattfindet – sowohl im hochtechnisierten Labor als auch im artenreichen, weniger kultivierungsbedürftigen Anbausystem eines Food Forest.

Gregor Sailer dringt in *Cockaigne* – und das verbindet diese neue Serie mit seinen vorangegangenen Arbeiten – in Szenerien und Räume vor, die bis dato dem menschlichen Auge im großen Stil verborgen geblieben sind. Insofern erfüllt der Künstler eine ganz klassische Rolle, die der Fotografie schon seit langer Zeit zukommt und die mit der Reisefotografie des 19. Jahrhunderts ihren Anfang nahm. Damals tauchten erstmals Bilder antiker Ausgrabungsstätten, beispielsweise aus Ägypten, auf und wurden trophäengleich von Fotograf:innen wie Maxime Du Camp (1822–1894) oder Francis Frith (1822–1898) zu den visuellen Konsument:innen dieser Bilder zurückgebracht. In den Medien gab es in den letzten Jahren hitzige Debatten zum Thema Nahrungsmittelsicherheit und Ernährung der Zukunft, valide Bilder dazu vermisste man allerdings. Doch *Cockaigne* ist noch viel mehr als die bloße Bebilderung dieser höchst aktuellen Debatte.

Gregor Sailers künstlerische Qualitäten liegen nicht nur in der konzeptuellen Projektierung und den bestechend scharfen Bildern, sondern auch in seiner Fähigkeit, unsere hochkomplexe Welt mit ihren Herausforderungen visuell regelrecht zu kondensieren. *Cockaigne* kann in einem Moment sehnsuchts- und hoffnungsvoll sein, im anderen Moment aber ebenso höchst beunruhigend oder sogar maximal verstörend. In seinem für ihn typischen, sachlichen und vom Dokumentarischen geprägten Stil sowie mit einer gleichmäßigen, um Neutralität bemühten Lichtführung zeigt Sailer in *Cockaigne* Orte und Räume, in denen just in diesem Moment, in dem dieser Text gelesen wird, an der Nahrungsmittelproduktion und -sicherheit unserer Zukunft getüftelt wird.

Will man Gregor Sailer in der kunsthistorischen Tradition verorten, so lässt sich zunächst ein zweifelloser Einfluss der deutschen Becher-Schule feststellen: Bernd (1931–2007) und Hilla Becher (1934–2015) begannen in den späten 1950er-Jahren, industrielle Architektur – Wassertürme oder Hochöfen etwa – systematisch zu fotografieren, um eine Typologie deutscher Industriearchitektur des 20. Jahrhunderts zu erstellen. Von 1976 bis 1996 lehrte Bernd Becher an der Kunstakademie Düsseldorf und brachte dort eine ganze Generation von Künstler:innen hervor, die einen neutral-straighten Stil in der Fotografie verfolgten und ihr gleichzeitig durch große Formate, edle Rahmung und brillante Farbqualität zu einem neuen Status am Kunstmarkt verhalfen. Andreas Gursky (geb. 1955), Thomas Struth (geb. 1954), Candida Höfer (geb. 1944) oder Axel Hütte (geb. 1951) sind nur einige der berühmten Vertreter:innen der Düsseldorfer Fotoschule. Sailer selbst hat an der FH Dortmund Fotografie und Kommunikationsdesign studiert, was vielleicht seinen technisch enorm versierten und zugleich faszinierten Blick auf die Lebensmittel- und Biotechnologie der Zukunft erklärt. Spätestens ab den 1990er-Jahren war die Düsseldorfer Fotoschule, die bis heute als einzigartig hinsichtlich der Rezeption von Fotografie als Fine Art gilt, nicht nur in Deutschland sondern weltweit ein Phänomen. Es folgte eine Reihe von Ausstellungen in den wichtigsten Museen der Welt, was den Paradigmenwechsel vor Augen führt, den diese Generation für die Fotografie und die Kunstgeschichtsschreibung generell ausgelöst hat. Viele Merkmale der Becher-Schule sind auch bei Sailer ablesbar: konzeptuelle Strenge, Sachlichkeit und Typologie, die als stilistische Mittel eingesetzt werden, sowie die Tendenz zum Mittel- und Großformat. Im Unterschied zu Gursky oder Hütte etwa sind bei Sailer aber die Arbeit an Langzeitprojekten und ein hoher politischer sowie risikofreudiger Anspruch wichtige Distinktionsfaktoren. Sailer sucht nicht einfach Orte auf, weil sie spektakulär sind oder ein „Fest für die Augen" bieten. Die Recherche im Vorfeld, die Kontaktaufnahme mit den Menschen vor Ort, die Reisen und Aufenthalte an diesen oft anstrengenden und entbehrungsreichen Zielen, um zu jenen Bildern zu gelangen, die sich der Künstler vorstellt, sind zwar inhärenter Teil eines singulären künstlerischen Auftrags, werden als Prozesse jedoch niemals transparent gemacht. Es geht nicht um Effekthascherei, sondern um eine kompromisslose Hingabe an das Projekt und letztlich auch an die Fotografie – so ließe sich Sailers künstlerischer Duktus zusammenfassen.

Möchte man sein Werk in einen internationalen Vergleich setzen, so liegt etwa Lewis Baltz (1945–2014) nahe, ein US-amerikanischer Fotograf, der zur Generation der New Topographics zählt und bereits in den 1970er-Jahren die kalifornische Industrie- und Randzonenarchitektur dokumentierte. Sailer und Baltz eint der präzise, fast klinische Zugang zur Fotografie: Es gibt keine dramatische Inszenierung und keine übersteigerte Lichtwirkung, vielmehr ist es die formale Strenge der fotografierten Architektur, die zu uns spricht. Kein lautes, plakatives Anprangern, sondern ein analytisches, nüchternes, aber enorm hingebungsvolles Beobachten ist die Handschrift beider Künstler. Anders als Baltz, der das Alltägliche, teilweise fast Banale im suburbanen Amerika zeigt, zieht es Gregor Sailer ins Verborgene, Schwerzugängliche. Sein Werk hat einen projektorientierten, regelrecht investigativen Charakter, Baltz hingegen hat sich mit seiner Ästhetik der Beiläufigkeit eher der archivarischen Qualität verschrieben. Während Baltz das Alltägliche sucht, konzentriert sich Sailer auf das Absonderliche, Unglaubliche. In ihren Bildern drücken sich aber beide mit vergleichbarer formaler Strenge aus.

Als „beunruhigende Ausgewogenheit" und „konzeptuell geprägter Dokumentarismus"[2] wurden Gregor Sailers Bilder bereits beschrieben. Das trifft auch auf *Cockaigne* zu, doch diese visuelle Enzyklopädie zum Thema Lebensmittelsicherheit wartet zugleich mit einem ganz spezifischen Zauber des Neuen auf. Sailers Kamera wird zum Komplizen unser aller Augen. Der Wahrheitsanspruch der Fotografie verbindet sich hier mit einem tiefgehend konzeptuell motivierten Interesse an Architektur als Manifestation geopolitischer Umwälzungen. Die Art und Weise, wie Sailer verschiedene Beispiele zur Sicherung unserer lebensmitteltechnischen Versorgung sichtbar macht, ist gleichermaßen mutmachend wie beängstigend. Aus dieser Spannung bezieht *Cockaigne* sein visuelles Suchtpotenzial: Wir können unsere Augen nicht von den kühl glänzenden Oberflächen, dem gleißenden Licht der Gewächshäuser, der Symmetrie und Monumentalität dieser Architekturen und Räume, in denen das Morgen verhandelt wird, abwenden – steril, geometrisch, leuchtend. Gregor Sailers menschenleere, jedoch menschengemachte Bildräume wirken wie Fragmente einer Welt, in der sich Fortschritt und Fiktion bereits sehr nahegekommen sind.

1 Stiftung Industriedenkmalpflege und Geschichtskultur (Hg.), *Kokerei Hansa. Fotografien von Gregor Sailer*, Stiftung Industriedenkmalpflege und Geschichtskultur, Dortmund 2005, S. 3.

2 Das erste Zitat stammt aus: Verena Kaspar-Eisert, „Ungesehene Orte", in: *Unseen Places – Gregor Sailer*, Ausst.-Kat. Kunst Haus Wien, Kehrer Verlag, Heidelberg 2022, S. 9–11, hier S. 11. Das zweite Zitat stammt aus: Christoph Schaden, „Doppelte Wendung. Eine vorläufige Werkbetrachtung zu Gregor Sailer", in: Ausst.-Kat. Wien 2022, Kehrer Verlag, Heidelberg 2022, S. 14–24, hier S. 18.

E LOK

Lisa Ortner-Kreil

Cockaigne for the Eyes – Gregor Sailer's New Work in the Context of Art History

Gregor Sailer works with the medium of photography and, for me, embodies a very distinctive, singular position in contemporary Austrian art. I have been familiar with his work for several years now and have observed how he uncompromisingly develops and pursues his long-term artistic projects. What began in 2005 with *Kokerei Hansa* (2005)—a series on a large coking plant in the Ruhr region that operated from 1928 to 1992, whereby the artist's attention in these early black-and-white photographs was already focused on "architecture and technology as silent, aesthetic entities"—has evolved through the projects *Closed Cities* (2012), *The Potemkin Village* (2017), and *The Polar Silk Road* (2021), culminating in a new chapter entitled *Cockaigne* (2025).[1]

Gregor Sailer's apparatus of choice is an analog large-format camera, the best technical option for his detailed, highly controlled pictorial compositions. In recent years, the artist has primarily focused on architecture in geopolitically tense areas, such as military exclusion zones, refugee camps, and gated communities. While time—past, present, and future—is arguably always a factor in Sailer's projects, it seems logical that after the series *The Potemkin Village*, which focused primarily on the past, and *Closed Cities*, which focused in particular on the present, the artist is now turning his camera thematically toward the future. *Cockaigne* responds to an existential question with images: How can humanity feed itself in the future in the face of the climate catastrophe and overpopulation? We see food deserts, areas unsuitable for cultivation where food systems are being tested, food forests, high-security data centers where Big Food data is processed, and production facilities for plant-based meat. Sailer shows us algae, jellyfish, and insect farms, urban underground farming, and huge, high-tech greenhouses.

These images, with their mostly cool, sci-fi-like surfaces, seem to come straight from the future. In contrast, the title *Cockaigne* comes from the past and refers to the medieval, mythical idea of a land of milk and honey, where food and pleasure are abundant. First recorded in writing in the thirteenth century, the term likely stems from much older myths. During the Middle Ages it was understood as a utopian-satirical counterpoint to the harsh realities of life. The most famous depiction of the Cockaigne myth is by Pieter Bruegel the Elder (1525–1569). His painting *The Land of Cockaigne* (1567) is in the collection of the Alte Pinakothek in Munich and shows, among other things, three figures lying on the ground, exhausted after a gluttonous feast, a roof "covered" with cakes, and a table bending under the weight of food. Bruegel seems to humorously take up a popular folk motif here, but at the same time exposes the idea of a paradise without work as questionable and morally reprehensible.

Sailer's *Cockaigne* also explores a particular ambivalence: humans—even though Sailer omits people from his pictures. Nevertheless, everything, absolutely everything, he photographs is "the work of man." Buildings constructed by human hands—sculptural and monolithic, often intimidating and, at the next moment, almost unreal precisely because of their monumentality—are the protagonists of these images. The undertaking is enormous: as a one-man operation, Sailer searches for and finds, mostly on the internet, the places where he photographs. He then obtains information on the sites, communicates with them and makes preparations, and finally gains access, traveling alone to the most remote and/or politically volatile areas, where he often finds the most inhospitable conditions. Precisely because these images are devoid of people, they reveal a great deal about the state of the world at the time that these buildings and spaces were created. There is a barrage of central perspectives and massive elevated and low-angle views, with our gaze guided by lines, edges, and vanishing points. Yet it is never just about architectural aesthetics. Every façade, every interior, every detail becomes a pars pro toto for culture and the people who express themselves through architecture in their relentless pursuit of control, power, and superiority. Gregor Sailer maps our globalized world both artistically and scientifically.

Sailer's images prove that food production is being relocated to interiors resembling operating rooms, with the overalls and rubber boots of agricultural workers now replaced by lab coats. Greenhouses in Kentucky, which the artist has photographed several times from the outside, look like enormous light sculptures. A mysterious pink light fills the thousand-square-meter interior, standing out against the gloomy sky. Inside the greenhouse, perfectly thriving tomato vines, free of any visual flaws, wind their way in enormous cascades from floor to ceiling. However, the greenhouse operates without soil, instead using robotics and AI. Between the cultivated vegetables, a central rail can be seen on the floor, which serves to supply the plants in a computer-controlled manner. Light, water, and fertilizer—everything is controlled, applied, and optimized with the utmost technical effort. While Bruegel clearly intended to moralize with his Land of Cockaigne, this is far from Sailer's intention. Rather, in a controlled, neutral style, he paints a truly breathtaking, diverse picture of the contemporary food supply system and the biotechnology of the future, revealing changes which are already taking place—both in high-tech laboratories and in the species-rich, less intensively cultivated farming system of a food forest.

In *Cockaigne*, Sailer ventures into scenes and spaces that have hitherto remained largely hidden from the human eye, which is what connects this new series with his previous work. In this respect, the artist fulfills a classic role that photography has long played, beginning with nineteenth-century travel photography, when images of ancient excavation sites, for example in Egypt, first appeared and were brought back to the visual consumers of them like trophies by photographers such as Maxime Du Camp (1822–1894) and Francis Frith (1822–1898). In recent years, heated debates have been raging in the media on the subject of food security and nutrition in the future, but valid images of the subject have been lacking. However, *Cockaigne* is much more than a mere illustration of this highly topical debate.

Gregor Sailer's artistic qualities lie not only in his conceptual planning and captivatingly sharp images, but also in his ability to visually condense our highly complex world and its challenges. *Cockaigne* can be wistful and hopeful in one moment but also highly unsettling, even deeply disturbing, in the next. In Sailer's typically matter-of-fact style, which is moving in its documentary nature, and with consistent lighting that strives for neutrality, *Cockaigne* shows places and spaces where, at the time of writing, people are working meticulously on the food production systems and food security of our future.

When considering Sailer's place in an art-historical tradition, one can first identify an undeniable influence of the German Becher school. In the late 1950s, Bernd and Hilla Becher (1931–2007 and 1934–2015) began systematically photographing industrial structures, such as water towers and blast furnaces, in order to create a typology of twentieth-century German industrial architecture. From 1976 to 1996, Bernd and Hilla Becher taught at the Düsseldorf Academy of Art, where they influenced a whole generation of artists who pursued a neutral, straightforward style through photography and, at the same time, helped photography achieve a new status on the art market through large prints, elegant framing, and brilliant color quality. Andreas Gursky (b. 1955), Thomas Struth (b. 1954), Candida Höfer (b. 1944), and Axel Hütte (b. 1951) are just a few of the famous proponents of the Düsseldorf school. Gregor Sailer himself studied photography and communication design at Dortmund University of Applied Sciences. This background may explain his technically highly skilled and fascinated view of the food industry and biotechnology of the future. The shining example of the Düsseldorf school, which to this day can be considered unique in terms of the reception of photography as fine art, was not only a phenomenon in Germany but also worldwide from the 1990s onward, leading to exhibitions in the world's most important museums, which highlights the paradigm shift that this generation has triggered for photography and art history in general. Many characteristics of the Becher school are also evident in Sailer's work, including conceptual rigor, objectivity, and typology used as stylistic devices, as well as a tendency toward medium-sized and large prints. However, in contrast to the work of Andreas Gursky or Axel Hütte, for example, Sailer's work on long-term projects and his highly political and risk-taking aspirations are an important distinguishing factor. Sailer does not simply seek out spectacular places or destinations that offer a "feast for the eyes." The preliminary research, establishing contact with local people, traveling to and staying at these destinations—undertakings that are often exhausting and full of hardship—in order to obtain the images the artist has in mind are an inherent part of a singular artistic mission. However, these processes are never made transparent. There is no showmanship—just an uncompromising dedication to the project and, ultimately, to photography itself: this is how Sailer's artistic style could be summarized.

When we compare Sailer's work internationally, Lewis Baltz (1945–2014) comes to mind, an American photographer who belonged to the New Topographics movement and documented California's industrial and suburban architecture as early as the 1970s. Sailer and Baltz share a precise, almost clinical approach to photography: there is no dramatic staging, no exaggerated lighting effects; it is the formal austerity of the photographed architecture that speaks to us. Rather than loud, striking denunciation, the signature style of both artists is analytical, sober, yet enormously devoted observation. However, while Baltz focused on the everyday, sometimes almost banal aspects of suburban America, Sailer is drawn to the hidden and difficult to access. While Baltz, with his aesthetics of casualness, devoted himself more to creating a visual archive, Sailer's output has a project-oriented, downright investigative character. Whereas Baltz sought the everyday, Sailer focuses on the bizarre, the unbelievable. Nevertheless, both photographers express themselves in their images with comparable formal rigor.

Gregor Sailer's images have already been described as exuding a "disquieting equilibrium" and as "conceptually characterised documentarism."[2] This certainly applies to *Cockaigne*, but this visual encyclopedia on the subject of food safety also offers a very specific magic of the new. Sailer's camera becomes our visual accomplice. Here, the claim to truth in photography is combined with a profoundly conceptual interest in architecture as a manifestation of geopolitical upheaval. The way in which Sailer visualizes various examples of how our food supply is secured is both encouraging and frightening in equal measure. This tension gives *Cockaigne* its visually addictive potential: we cannot take our eyes off the cool, shiny surfaces, the glistening light of greenhouses, or the symmetry and monumentality of the spaces where tomorrow is negotiated—sterile, geometric, luminous. Gregor Sailer's deserted, yet man-made pictorial spaces are like fragments of a world in which progress and fiction have already become entwined.

1 Quotation from Ursula Mehrfeld, "Kokerei Hansa," in Stiftung Industriedenkmalpflege und Geschichtskultur, *Kokerei Hansa: Fotografien von Gregor Sailer* (Dortmund: Stiftung Industriedenkmalpflege und Geschichtskultur, 2005), n. p., my translation.

2 The first quote is taken from Verena Kaspar-Eisert, "Unseen Places," in Verena Kaspar-Eisert (ed.), *Unseen Places: Gregor Sailer*, exhib. cat., Kunst Haus Wien, Vienna (Heidelberg: Kehrer Verlag, 2022), 11. The second is taken from Christoph Schaden, "Inside-Out, Outside-In: A Current Overview of Gregor Sailer's Work," in Kaspar-Eisert, *Unseen Places*, 18.

1 FDN

Food Deserts

Als Food Deserts, Lebensmittelwüsten, werden urbane oder ländliche Regionen bezeichnet, in denen die Nahversorgung der Bewohner:innen mit frischen, gesunden und leistbaren Lebensmitteln aufgrund fehlender Lebensmittelgeschäfte nicht oder nur eingeschränkt gesichert ist. In diesen Gebieten leben meist Menschen mit niedrigem Einkommen und unzureichendem Zugang zu Transportmitteln, was sie für große Supermarktketten und Investor:innen zu weniger attraktiven Märkten macht.

Das Naurvik Projekt

Naurvik ist ein von der Gemeinde betriebenes, auf Hydrokultur basierendes Lebensmittelproduktionssystem in Gjoa Haven, Nunavut, Kanada – einer kleinen Inuit-Gemeinde, die etwa 250 Kilometer nördlich des Polarkreises auf King William Island liegt. Der Name Naurvik bedeutet auf Inuktitut „der Ort des Wachsens".

Im Oktober 2019 wurde die erste Ernte eingebracht, seitdem läuft die Anlage ganzjährig. In Naurvik wachsen verschiedene Nutzpflanzen, darunter mehrere Salatsorten, Erbsen, Paprika, Minze, Mais und Erdbeeren.

Die Ernte wird der Gemeinde gespendet und von lokalen Techniker:innen an ältere Menschen, Such- und Rettungsteams sowie Bedürftige verteilt.

Naurvik besteht aus drei umfunktionierten Schiffscontainern (Pods), die so nachgerüstet wurden, dass darin sämtliche für den ganzjährigen Betrieb erforderlichen Systeme und Geräte untergebracht werden können – auch in den harten arktischen Wintern. Seinen Strom bezieht das System aus Kanadas nördlichster Solar- und Windkraftanlage.

In Naurvik wird untersucht, ob sich eine autarke Lebensmittelproduktion in der Arktis realisieren lässt. Aufgrund der langen, kalten, sehr windigen und sonnenarmen Winter in Gjoa Haven wird die Landwirtschaft vor besondere Herausforderungen gestellt. Die Temperaturen fallen auf bis zu minus 65° C.

Die Pods werden hauptsächlich mit Strom aus Sonnenkollektoren und Windturbinen betrieben. Selbst im tiefsten Winter stammen 75 Prozent der benötigten Energie aus erneuerbaren Quellen. Derzeit wird in Naurvik verstärkt daran gearbeitet, mehr auf King William Island heimische oder traditionell von den Inuit genutzte Pflanzen anzubauen.

Food Deserts

Food deserts are urban or rural regions in which the local supply of fresh, healthy, and affordable food is not or is only partially secured due to a lack of local food outlets. These areas are mainly inhabited by people with low incomes and insufficient access to transport, making them less attractive markets for large supermarket chains and investors.

The Naurvik Project

Naurvik is a community-led, hydroponic, food production system in Gjoa Haven, Nunavut, Canada—a small Inuit community located approximately 250 kilometers north of the Arctic Circle on King William Island. The name Naurvik means "the growing place" in Inuktitut.

The facility was constructed and had its first crop in October 2019 and continues to operate year-round. Naurvik has produced a variety of crops including several types of lettuce, peas, peppers, mint, corn, and strawberries.

After harvest, the crops are donated to the community. Local technicians deliver the produce to elders, search and rescue teams, as well as those in need.

Naurvik is constructed using three repurposed shipping containers (pods), which have been retrofitted to house all systems and equipment required to operate year-round, even through harsh Arctic winters. The system is powered by Canada's northernmost solar and wind array.

Naurvik is determining the feasibility of off-grid food production in the Arctic. Winters in Gjoa Haven are long, cold, windy, and have very little sunlight, presenting a unique set of agricultural challenges. Temperatures drop to minus 65° C.

The pods are powered primarily by solar panels and wind turbines. Even in the depths of winter, 75 percent of the power needed for the facility is produced by renewable sources. Naurvik is currently working toward growing more plants indigenous to King William Island and those used in traditional Inuit practices.

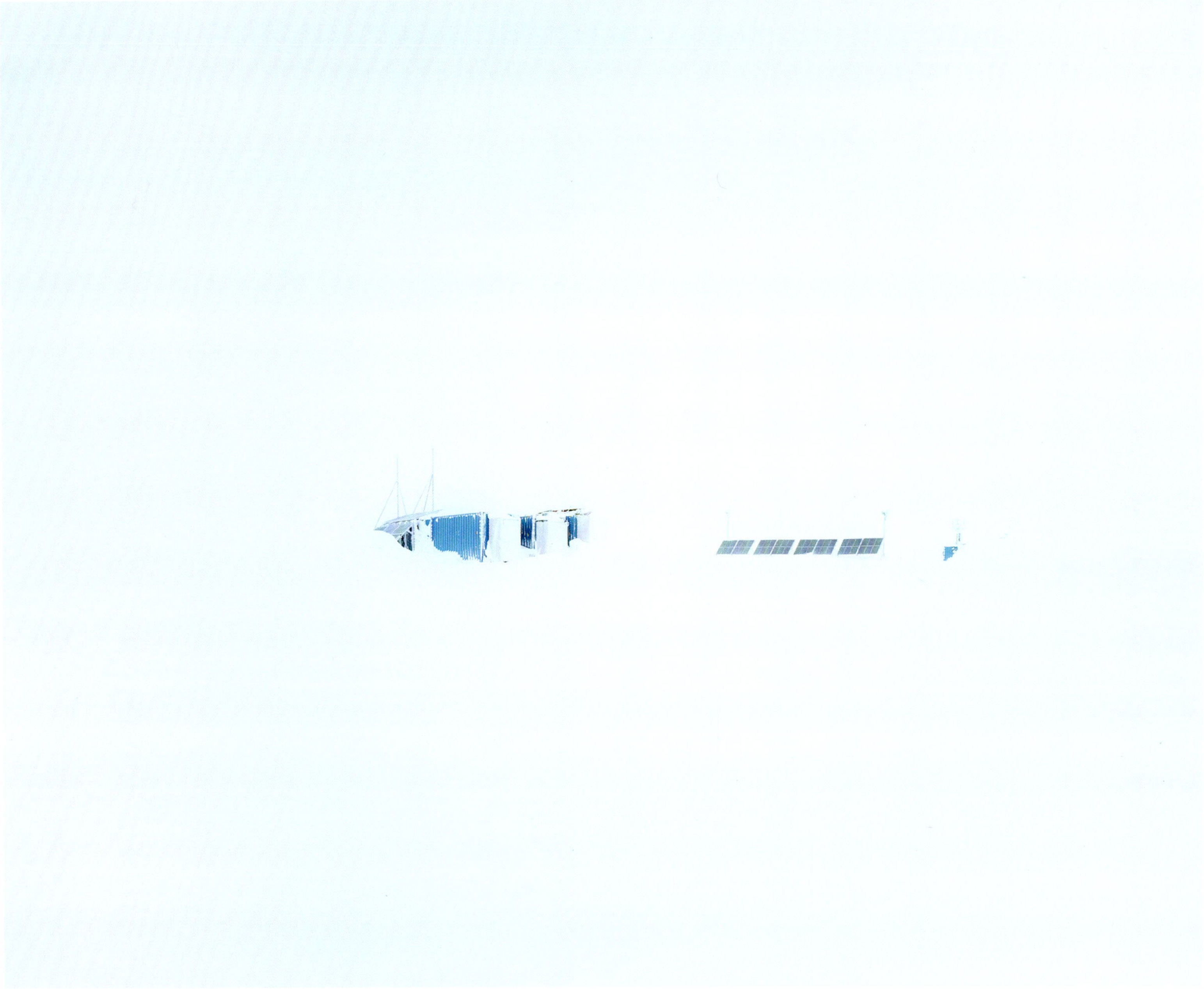

AR
RESE
FOUNDA

EXIT

2 JFF

Quallenfarmen

Die Jellyfish Farm bei Fulda ist Europas größte Zuchtstätte für Quallen und befindet sich in einer hochmodernen Anlage. Sie wurde mit dem Ziel gegründet, Quallen unter kontrollierten Bedingungen nachhaltig zu züchten, um die wachsende Nachfrage nach Quallen als Nahrungsmittel sowie für die Kosmetikindustrie und wissenschaftliche Zwecke zu decken. Dank ihrer fortschrittlichen Zuchtmethoden und Skalierbarkeit spielt die Quallenfarm eine wichtige Rolle in der aquatischen Nahrungsmittelproduktion.

Jellyfish Farms

Jellyfish Farm near Fulda, Germany, is Europe's biggest breeding site for jellyfish, housed in a state-of-the-art facility. It was founded with the aim of sustainably breeding jellyfish in controlled conditions in order to meet the growing demand for jellyfish as a food source, as well as for the cosmetics industry and scientific purposes. Thanks to its progressive breeding methods and scalability, Jellyfish Farm plays an important role in aquatic food production.

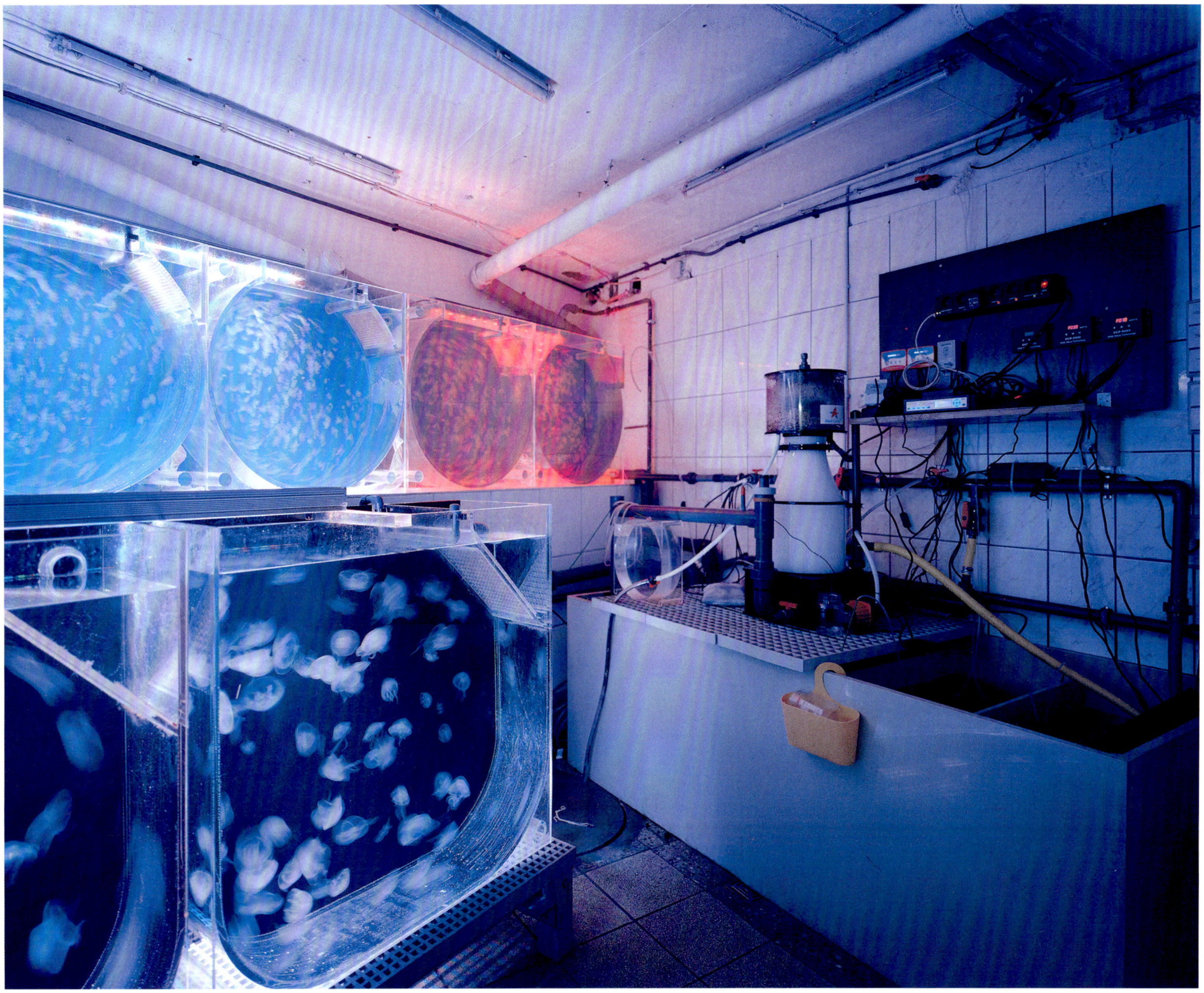

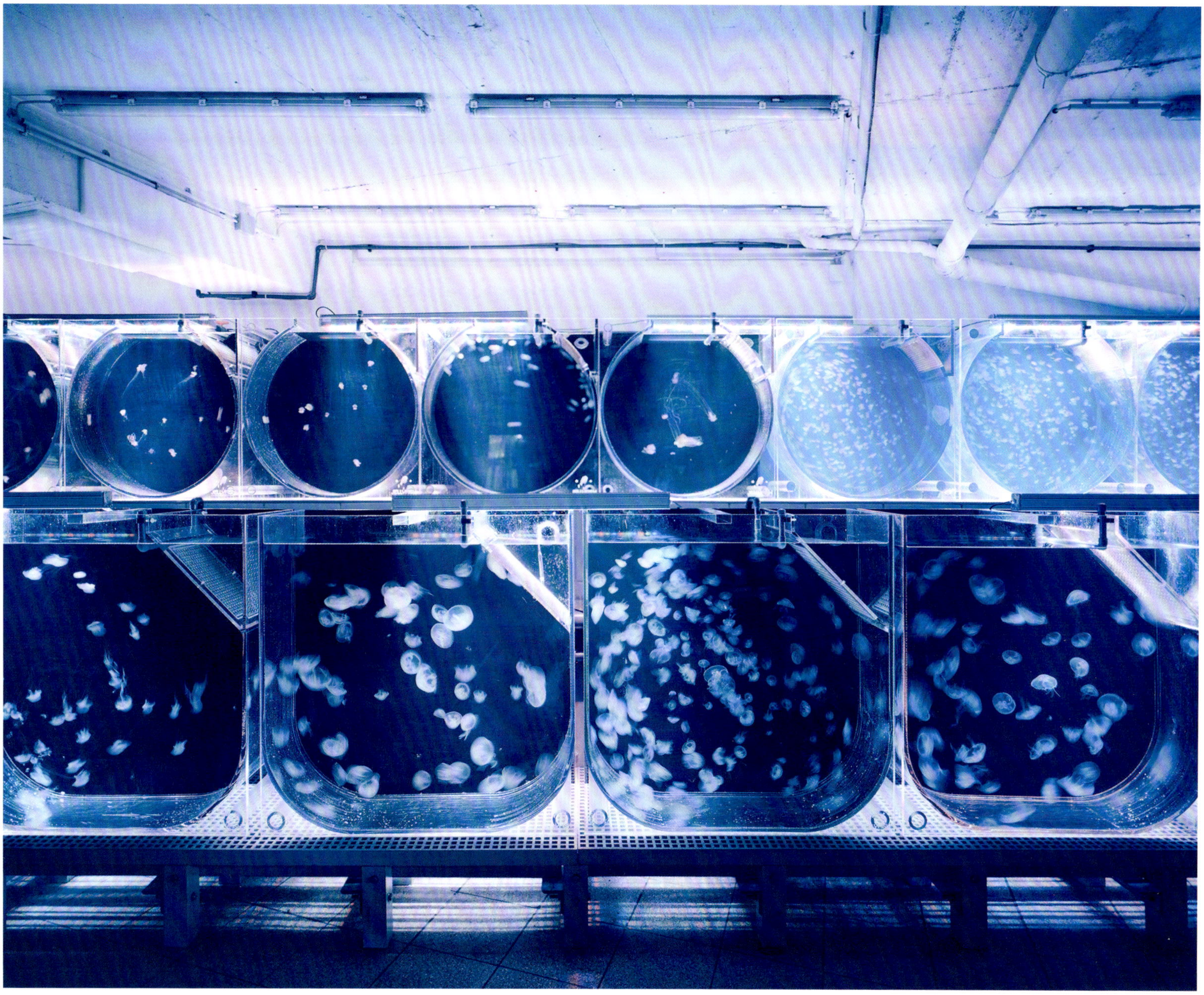

3 ISF

Insektenfarmen

In der Serie werden zwei KI-gesteuerte Hightech-Insektenfarmen in Frankreich gezeigt. Die Farm in Amiens ist die größte vollautomatische vertikale Insektenfarm weltweit.

Beide Farmen produzieren Insekten wie die Schwarze Soldatenfliege oder Mehlwürmer für die Ernährung von Mensch und Tier. Insekten sind in erster Linie eine hochqualitative Proteinquelle und liefern zudem wichtige Vitamine und Mineralstoffe. Gerade in Asien werden Insekten – wie beispielsweise Quallen oder Algen – seit jeher als Nahrungsmittel gezüchtet. Auch in Europa oder Amerika gewinnt dieses alternative Nahrungsmittel zunehmend an Bedeutung und es wird viel investiert. In der Europäischen Union unterliegen Insekten als Lebensmittel der Novel-Food-Verordnung. Das bedeutet, dass sie als „neuartige Lebensmittel" zugelassen werden müssen, bevor sie auf den Markt kommen dürfen.

Insect Farms

This series presents two AI-controlled high-tech insect farms in France. The farm in Amiens is the largest fully automated vertical insect farm in the world.

Both farms produce insects such as the black soldier fly and mealworms for human and animal consumption. Insects are primarily a high-quality source of protein and also provide important vitamins and minerals. In Asia in particular, insects—as well as jellyfish and algae, for example—have been bred as food from time immemorial. This alternative foodstuff is also growing in importance and attracting a lot of investment in Europe and America. In the European Union, insects are subject to the Novel Food Regulation. This means they must first be approved before they can enter the market.

AIR COMPRIME

UN3264

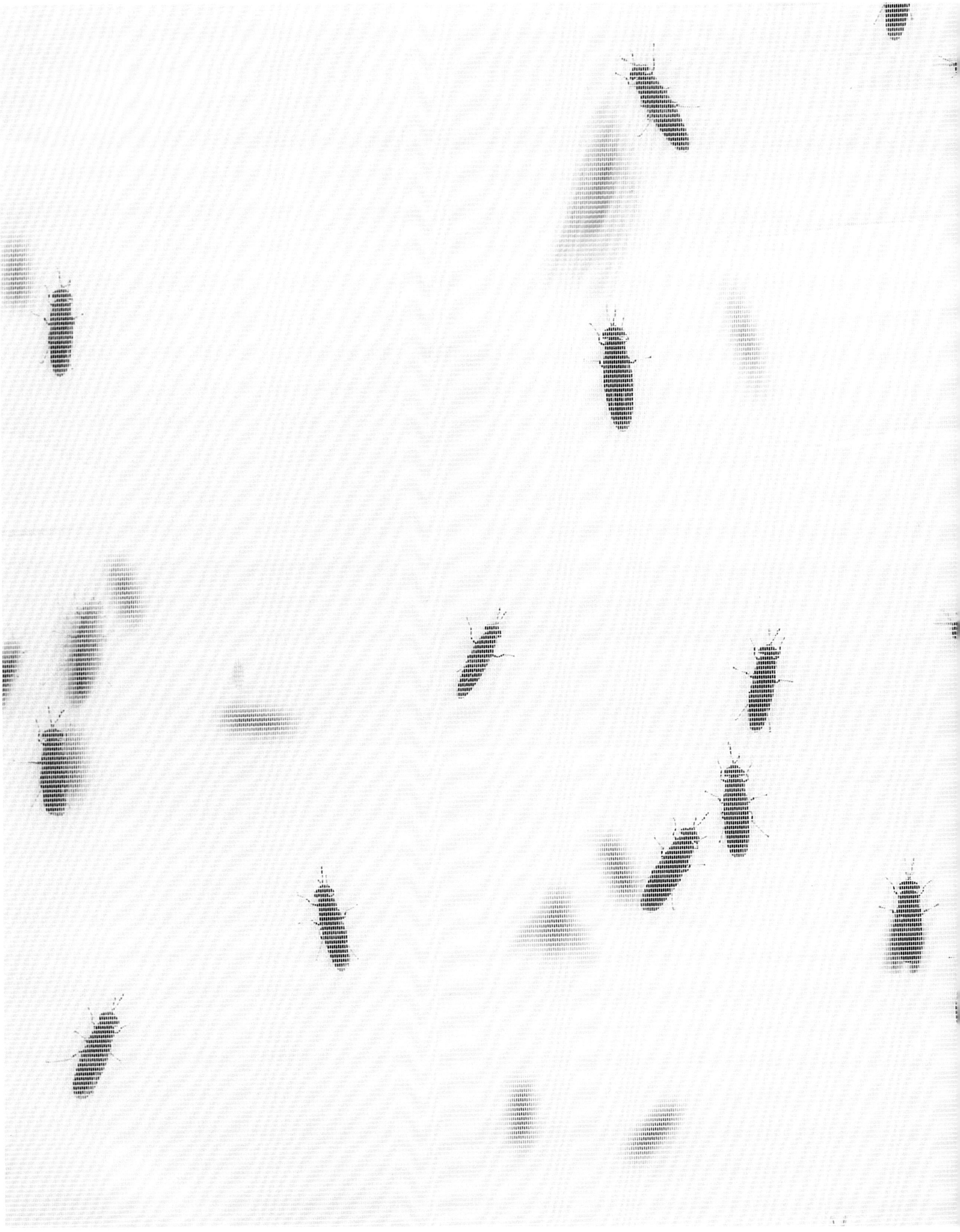

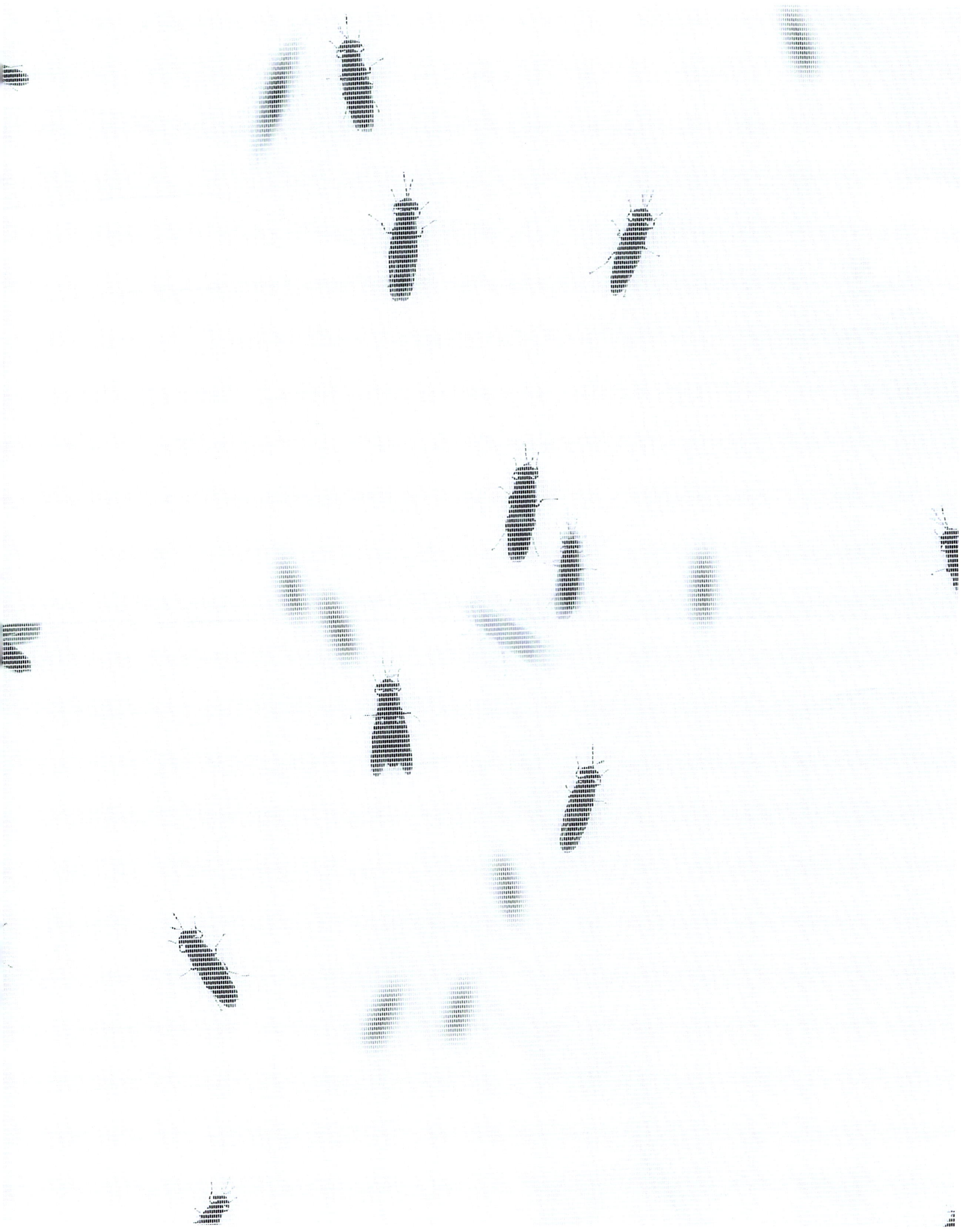

4 AGF

Algenfarmen

Algen sind eine hervorragende vegane Quelle für Omega-3-Fettsäuren und helfen damit auch im Kampf gegen die Überfischung, da sie Fische als Quelle für diese essenziellen Fettsäuren ersetzen können. Sie sind reich an Proteinen, Mineralstoffen, Ballaststoffen und Vitaminen, können aber auch sehr viel Jod enthalten und Schwermetalle wie Blei oder Quecksilber aus dem Wasser aufnehmen. Daher sind Kennzeichnung und Herkunft besonders wichtig. Außerdem besitzen sie die Eigenschaft, CO_2 zu verbrauchen und Sauerstoff dafür freizusetzen. Speziell Mikroalgen werden meist zu einem grünen Pulver verarbeitet und derzeit vor allem für Lebensmittel und Nahrungsergänzungsmittel eingesetzt.

Algae Farms

Algae are an excellent, vegan source of omega-3 fatty acids, and as such can play a vital role in countering overfishing by replacing fish as their primary source. They are rich in protein, minerals, fiber, and vitamins, but can also contain a lot of iodine and absorb heavy metals such as lead or mercury from the water. Labelling and origin are therefore especially important. In addition, they absorb carbon dioxide and release oxygen. Microalgae in particular are processed to form green powders, which are mainly used in food and dietary supplements.

Bis Ende 2024 produzierten 43.000 sechs Meter hohe Glasröhren auf einem Hektar ehemaliger Ackerfläche in Niederösterreich rund 20 Tonnen Superfood pro Jahr.

Until the end of 2024, 43,000 six-meter-high tubes produced around 20 tons of algae per year on just one hectare of former arable land in Lower Austria.

D1
D2
D3
D4
E1
E2
E3

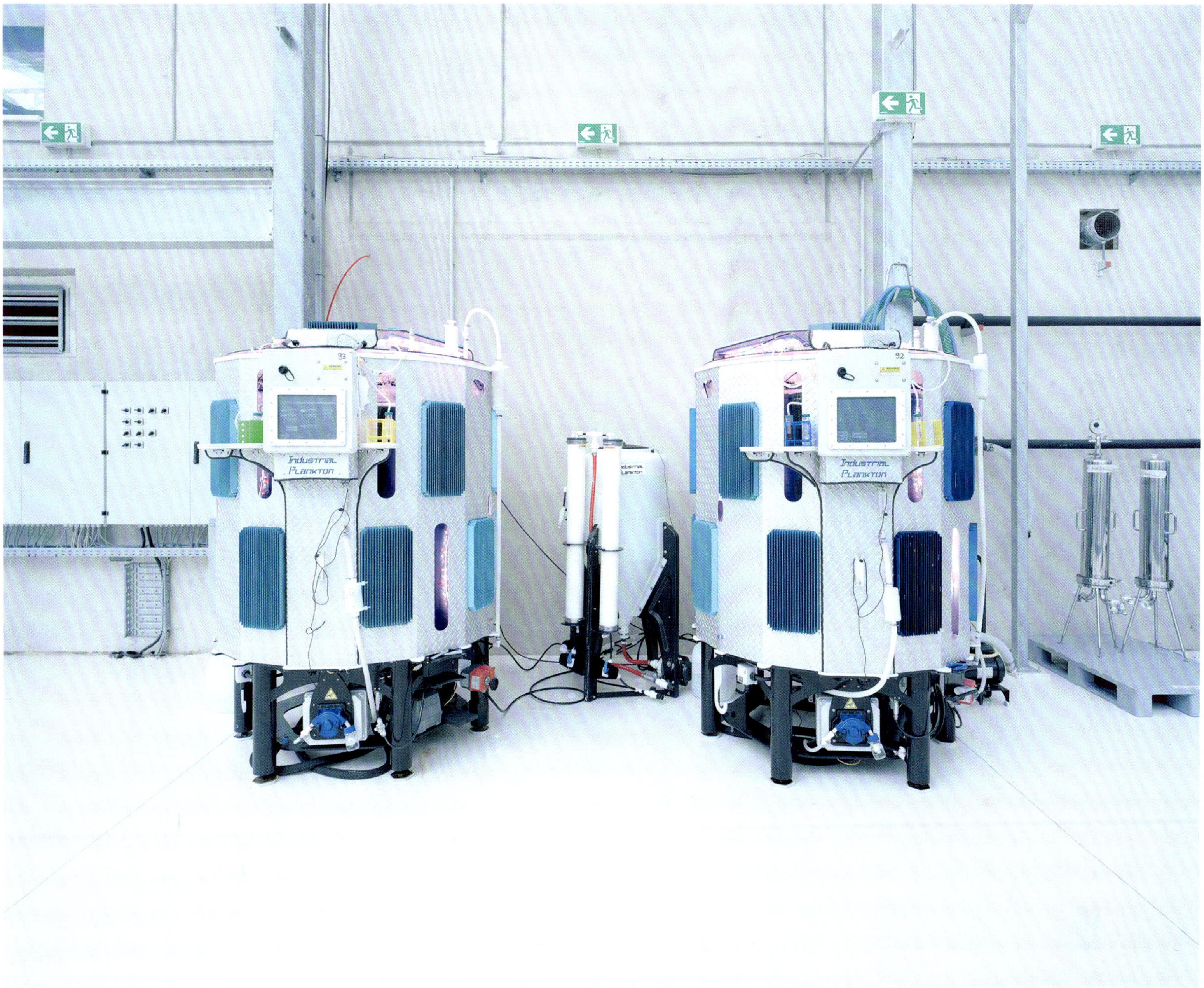
Industrial
Plankton
Industrial
Plankton

Diese isländische Algenfarm hat sich auf innovative Lösungen hinsichtlich Ernährung und Klimaschutz spezialisiert und ein neues Verfahren zur nachhaltigen Produktion von Mikroalgen entwickelt, das ein erhebliches Potenzial zur CO_2-Kompensation bietet. Emissionen lassen sich reduzieren, indem Rindfleisch in der Ernährung durch kohlenstoffneutrale isländische Ultra-Spirulina™-Algen ersetzt wird.

This Icelandic algae farm focuses on innovative food and climate solutions and has developed a new scientific approach for the sustainable production of microalgae with significant carbon offsetting potential. Reducing carbon dioxide emissions is made possible by the nutritional replacement of beef with carbon-neutral Icelandic Ultra Spirulina™.

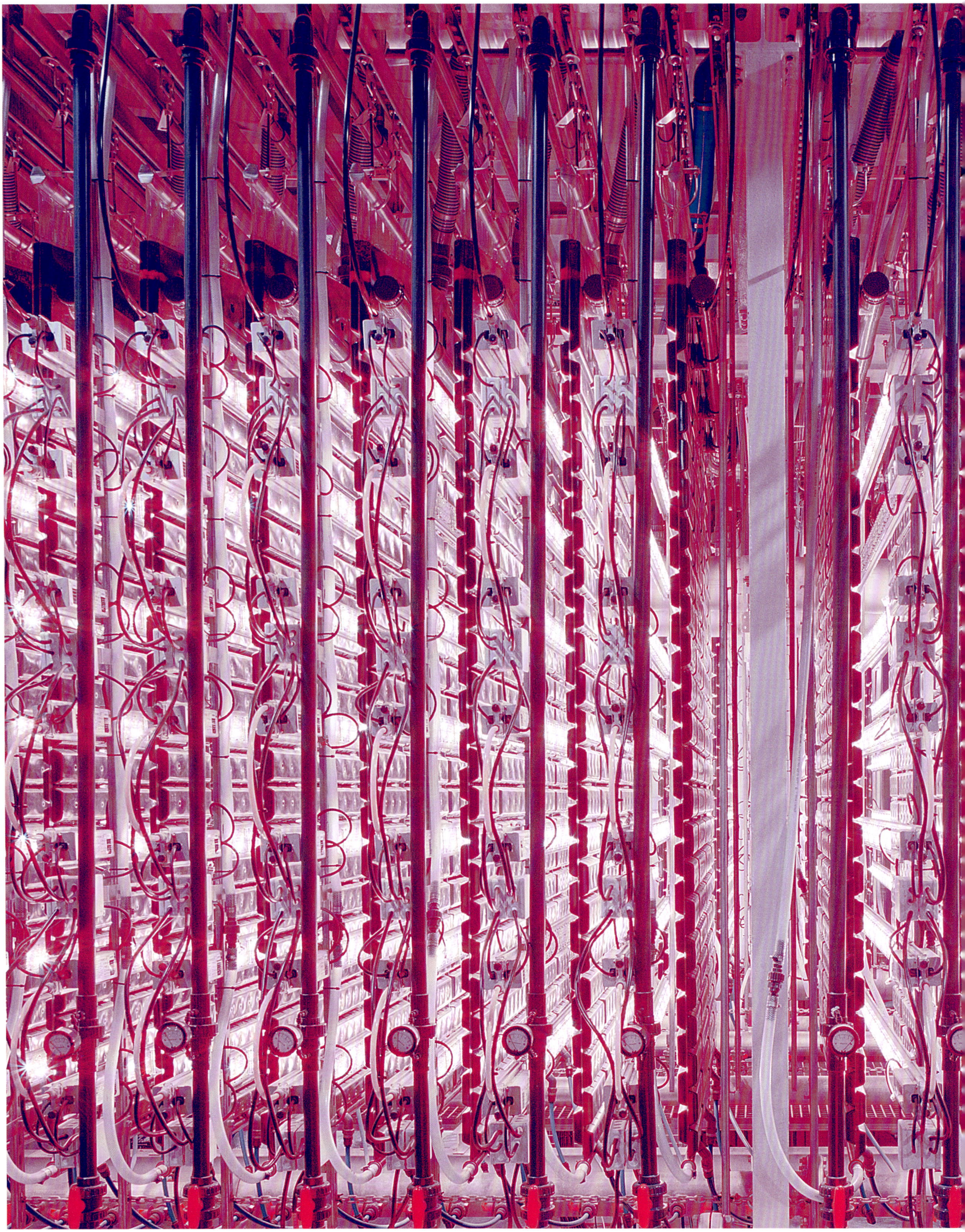

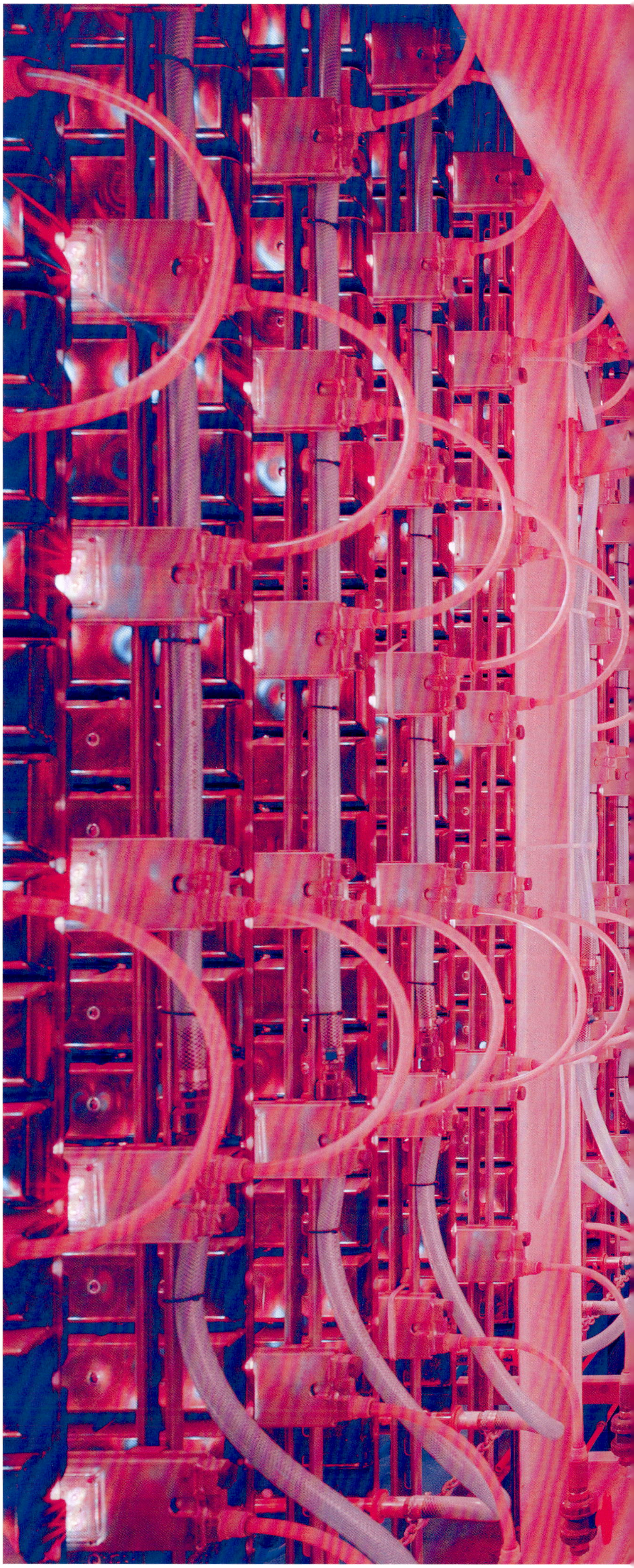

In Klötze steht Deutschlands größte Mikroalgenfarm, die 1999 als erste in Europa im Industriemaßstab erbaut wurde und tubuläre Photobioreaktoren nutzt. Ein System aus 500 Kilometern Glasröhren zur Kultivierung von Mikroalgen erstreckt sich über 1,2 Hektar. Jährlich werden 20 bis 30 Tonnen verarbeitet und weltweit exportiert. Die Farm gilt als Vorreiterin der Algenaquakultur in Europa.

Germany's largest microalgae farm is in Klötze and was the first in Europe to be built on an industrial scale in 1999, using tubular photobioreactors. A system of 500 kilometers of glass tubes for cultivating microalgae covers an area of 1.2 hectares. Some 20 to 30 tons are processed per year and exported worldwide. The farm is considered a pioneer in European algae aquaculture.

außer Betrieb

3017

5 HPG

Hydroponische Gewächshäuser

Unter Hydroponik versteht man eine Anbaumethode, bei der Pflanzen ohne Erde in einer wasserbasierten Nährstofflösung kultiviert werden. Dabei kann bis zu 90 Prozent Wasser im Vergleich zu konventionellen Anbaumethoden eingespart werden.

Sickerwasser wird gesammelt, gespeichert und dem Kreislauf wieder zugeführt. Außerdem benötigen die Pflanzen bei üppigerem Wachstum vergleichsweise weniger Fläche und des Weiteren können Schädlings- sowie Unkrautbekämpfungsmitteln reduziert werden. Diese Form der Landwirtschaft ermöglicht den Anbau unter extremen Bedingungen wie in urbanen Gebäuden, in Hallen, auf Forschungsstationen an den Polen oder im Weltraum. Zu ihren Nachteilen zählen der enorme Energieverbrauch (der jedoch häufig durch erneuerbare Energie gedeckt wird), der Einsatz von energieaufwendig produziertem Kunstdünger, die Entstehung großer Abfallmengen aufgrund der Verwendung von beispielsweise Steinwolle als Substrat oder auch Pflanzenkrankheiten, die sich über die Bewässerungsanlagen ausbreiten können.

Hydroponic Greenhouses

Hydroponics is a method by which plants are cultivated without soil in a water-based nutrient solution. This can save up to 90 percent of the water used by conventional farming methods.

Seepage water is collected, stored, and returned to the cycle. In addition, the plants require comparatively less space for lush growth, and pesticides and weedkillers can be reduced. This form of agriculture enables cultivation under extreme conditions such as in urban buildings and halls, as well as on research stations at the poles or in space. Disadvantages include enormous energy consumption (which is often covered by renewable energy), the use of energy-intensive artificial fertilizers, the generation of large amounts of waste due to the use of rock wool as a substrate, for example, and plant diseases that can spread via irrigation systems.

Diese robotik- und KI-gestützten Hightech-Indoor-Farmen in Kentucky zählen zu den größten Gewächshäusern der USA. Auf 165 Hektar werden Tomaten, Salat, Erdbeeren und Gurken angebaut. Zur Deckung des Energie- und Wasserbedarfs werden primär Sonnenenergie und Regenwasser genutzt. Ein Großteil der Produkte erreicht die Konsument:innen im Sinne der Regionalität innerhalb eines Tages.

These indoor farms in Kentucky use robotics and AI, and are among the biggest greenhouses in the USA. Tomatoes, salad, strawberries, and cucumbers are grown here on 165 hectares. To cover energy and water demands, solar energy and rain-water are predominantly used. The majority of the products reach the consumer within a day and can be considered regional.

Grodan GT Master

GT Master
Grodan

BAY 55
BAY 54
BAY 53
AppHarvest

AppHarvest

Diese isländischen Gewächshäuser speisen ihren Energiebedarf aus Geothermalquellen und Wasserkraft. So ist es nachhaltig möglich, auch im hohen Norden, unabhängig von den rauen Klimabedingungen und kostenaufwendigen Importen, frische Nahrungsmittel für die lokale Bevölkerung anzubauen.

The energy requirements of these Icelandic greenhouses are fulfilled by geothermal springs and hydropower. This makes it possible, even in the far north, to sustainably produce fresh food for the local population, overcoming challenging climatic conditions and lessening reliance on expensive imports.

6 VTF

Vertikale Landwirtschaft

Die Farm in der Nähe von Kopenhagen ist Europas größte vertikale Farm sowie eine der größten weltweit. In einer 7.000 Quadratmeter großen Halle – das entspricht der Größe von 20 Fußballfeldern – werden unter 20.000 LED-Leuchten auf 14 Etagen 20 verschiedene Salat-, Kräuter- und Beerensorten angebaut. Die Produktion erfolgt klimaneutral, platz- und wassersparend. Rund 1.000 Tonnen Gemüse entstehen hier jährlich für dänische Verbraucher:innen – unabhängig von Jahreszeiten und Wetterphänomenen. Der Betrieb der Anlage erfolgt mit zertifizierter Windenergie. Auf Pestizide und Düngemittel wird dabei vollständig verzichtet, zudem entstehen keinerlei Emissionen, da Wasser und Nährstoffe in den Kreislauf zurückgeführt werden.

Vertical Farming

This vertical farm near Copenhagen is the largest in Europe and one of the largest in the world. Under twenty thousand LED lights on fourteen floors in a 7,000-square-meter hall, twenty different types of lettuce, herbs, and berries are produced in a CO_2-neutral, space- and water-saving manner. The area is equivalent to twenty football fields. Around 1,000 tons of vegetables are produced annually for Danish consumers—regardless of the seasons and weather phenomena. The farm is powered by certified wind power, does not use pesticides or fertilizers, and emits nothing into the environment—everything is recirculated.

Recycle tank
Connected to Water
TANK 01
Recycle tank 09
Connected to Water
Tank 02

NORDIC HARVEST
NORDIC HARVEST
NORDIC HARVEST

NORDIC
HARVEST

NORDIC HARVEST
KLAR TIL BRUG!
NORDIC HARVEST

7 UUF

Unterirdische Stadtfarmen

Die unterirdische Farm befindet sich in einer ehemaligen Tiefgarage in Paris. Seit die Stadt den Verkehr zunehmend aus dem Zentrum verbannt hat, sind zahlreiche Tiefgaragen ungenutzt und stehen leer. La Caverne produziert verschiedene Pilzarten, Salate und Microgreens, also diverse Gemüse- und Kräuterkeimlinge. Inspiriert von der Idee der Permakultur soll das Ganze einen natürlichen Ressourcenkreislauf bilden. So binden die anderen Sprossen bei ihrem Wachstum das von den Pilzen abgegebene CO_2. Bioabfälle werden kompostiert und wiederverwendet. Da die gesamte Produktion untertage stattfindet, ist natürliches Licht nicht verfügbar. Doch Pilze kommen mit sehr wenig Licht aus, Chicorée sogar ganz ohne. Die Salate und Microgreens, die Licht benötigen, werden mit energiesparenden LEDs versorgt.

Urban Underground Farms

This underground farm is located in a former underground car park in Paris. Since the city has increasingly banished traffic from its center, numerous underground garages have fallen into disuse and stand empty. La Caverne produces various types of fungi, salads, and microgreens, as well as vegetable and herb seedlings. Inspired by the idea of permaculture, the whole thing is designed to form a natural resource cycle. The sprouts of the other plants absorb the carbon dioxide that the fungi give off. Biodegradable waste is composted and reused. As all of the production takes place underground, natural light is not available. Fungi need very little light and endives none at all. Light for salads and microgreens is provided by using energy-saving LEDs.

3A
3B
3C

idmarket.com

167
168

8 PBM

Fleisch auf Pflanzenbasis

Bei der Herstellung von pflanzlichem Fleisch kommt eine Kombination aus Extrusionsverfahren und Fermentation zum Einsatz. Die Extrusion ist ein Verfahren, das seit den 1960er-Jahren in der Lebensmittelindustrie zur Herstellung von Snacks, Cerealien oder Pasta Anwendung findet. Die jüngsten Innovationen in diesem Bereich sind zentral für die zweite Generation pflanzlicher Fleischprodukte. Sie ermöglichen es, pflanzliche Proteine, die auf mikroskopischer Ebene kugelförmig sind, in die faserige, gestreckte Form tierischer Muskelfaserproteine zu bringen.

Durch die Kombination von Extrusion und traditioneller Fermentation können größere Fleischstücke auf pflanzlicher Basis hergestellt werden, die eine komplexere Textur aufweisen sowie saftiger und zarter sind. Die Fermentation hat eine lange Tradition in der Lebensmittelherstellung und kommt beispielsweise bei der Produktion von Wein, Bier, Salami, Tempeh oder Sauerkraut zum Einsatz.

In der Fotoserie werden zwei unterschiedlich große Produktionsstätten in der Schweiz und in Island gegenübergestellt.

Plant-Based Meat

A combination of extrusion methods and fermentation is employed in the production of plant-based meat. Extrusion is a process that has been used in the food industry for the production of snacks, cereals, and pasta since the 1960s. The newest innovations in this area are crucial to the second generation of plant-based meat products. They make it possible to mold plant proteins, which are spherical at a microscopic level, into the fibrous, elongated form of the proteins of animal muscle fiber.

Through the combination of extrusion and traditional fermentation, larger pieces of plant-based meat can be produced, which exhibit more complex textures as well as being juicier and more tender. Fermentation has a long tradition in food production—for example, in the making of wine, beer, salami, tempeh, and sauerkraut.

The series of photographs juxtaposes two differently sized production facilities, one in Switzerland and another in Iceland.

C008
C009
+J161

C018
BÜHLER

C030
Linie 1

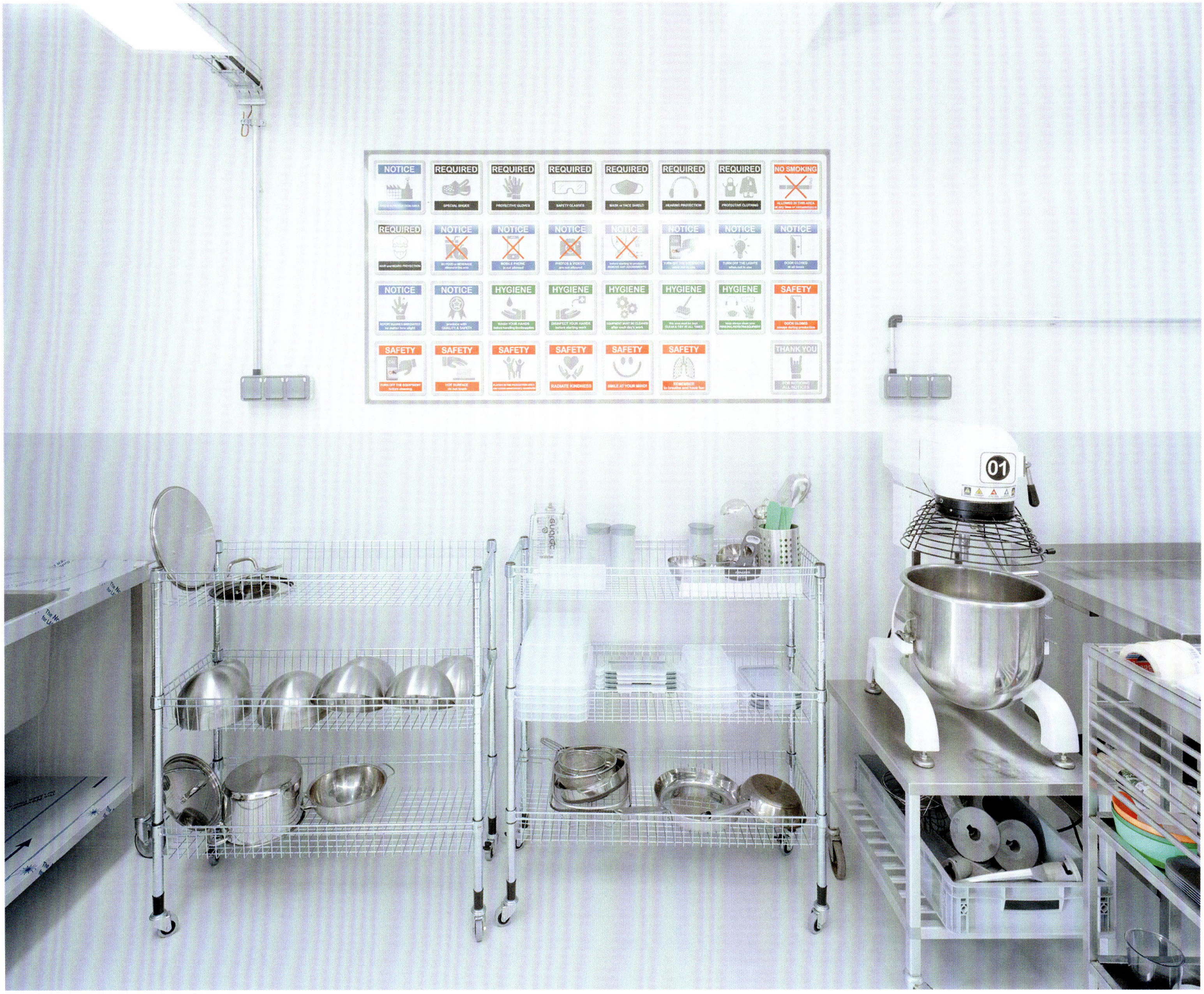
NOTICE
REQUIRED
REQUIRED
REQUIRED
REQUIRED
REQUIRED
REQUIRED
NO SMOKING
REQUIRED
NOTICE
NOTICE
NOTICE
NOTICE
NOTICE
NOTICE
NOTICE
NOTICE
NOTICE
HYGIENE
HYGIENE
HYGIENE
HYGIENE
HYGIENE
SAFETY
SAFETY
SAFETY
SAFETY
SAFETY
SAFETY
SAFETY
THANK YOU
01

9 CAC

Solein® ist ein revolutionäres Protein, das von einem finnischen Lebensmittelunternehmen unter Verwendung von CO_2, Strom und einem winzigen, in Finnland vorkommenden natürlichen Mikroorganismus erzeugt wird.

Dieses vielseitig einsetzbare Protein kann mit einer breiten Palette traditioneller Zutaten kombiniert werden und wird durch Gasfermentation gewonnen. Seine Grundstoffe sind Kohlendioxid und Wasserstoff, die Herstellung erfolgt mit erneuerbaren Energien. Sämtliche Produktionsschritte werden intern in derselben Anlage durchgeführt. Da diese Technologie unabhängig von Wetter, Klimabedingungen und verfügbaren Anbauflächen eingesetzt werden kann, eröffnet sie völlig neue Wege in der Lebensmittelproduktion: So ist es beispielsweise möglich, an Orten zu produzieren, an denen herkömmliche Landwirtschaft bisher nicht realisierbar war, wie in Städten, Wüsten, in der Arktis oder sogar im Weltraum. Zudem wird bei diesem Verfahren im Vergleich zum Ackerbau oder zur Rindfleischproduktion weit weniger Wasser benötigt.

Der wichtigste Schritt im Produktionsprozess ist die kontinuierliche Züchtung, bei der die Mikroorganismen in einem 20.000 Liter fassenden Bioreaktor heranwachsen. Die erste kommerzielle Solein®-Produktionsanlage, Werk 01, nahm im April 2024 ihren Betrieb auf. Hauptziel war es, die Unternehmenstechnologie im industriellen Maßstab zu erproben. Im Vergleich zur Pilotanlage erreicht die Produktionstechnologie in Werk 01 inzwischen die hundertfache Produktionskapazität. Täglich liefert der Reaktor die gleiche Proteinmenge wie ein Milchviehbetrieb mit 300 Kühen.

Solein® is a groundbreaking protein, produced by a Finnish food-tech company using carbon dioxide, electricity, and a tiny microorganism that occurs naturally in the Finnish countryside.

The production of this highly functional protein, which is compatible with a variety of traditional ingredients, makes use of gas fermentation technology. Its main raw materials are carbon dioxide and hydrogen, which are produced with the help of renewable energy. The company carries out all of the steps of production itself in the same facility. The technology can be deployed independent of weather, climatic conditions, and land use, and as such it opens up completely new possibilities for food production. For example, it is now possible to produce food in places that were previously off limits for conventional agriculture: in cities, deserts, the Arctic, and even in space. In addition, much less water is needed compared with crop cultivation or beef production.

The most important step in the production process is the continual cultivation of the microbe in a 20,000-liter bioreactor. The first commercial Solein® production facility, Factory 01, began operation in April 2024. One of the main goals of the facility was to test the scalability of the company's technology at an industrial scale. Compared with the pilot facility, production in Factory 01 has been multiplied one hundredfold. The reactor produces the same amount of protein every day as a dairy farm with three hundred cows.

GEA
==EL+EK
++WP1+LCP01

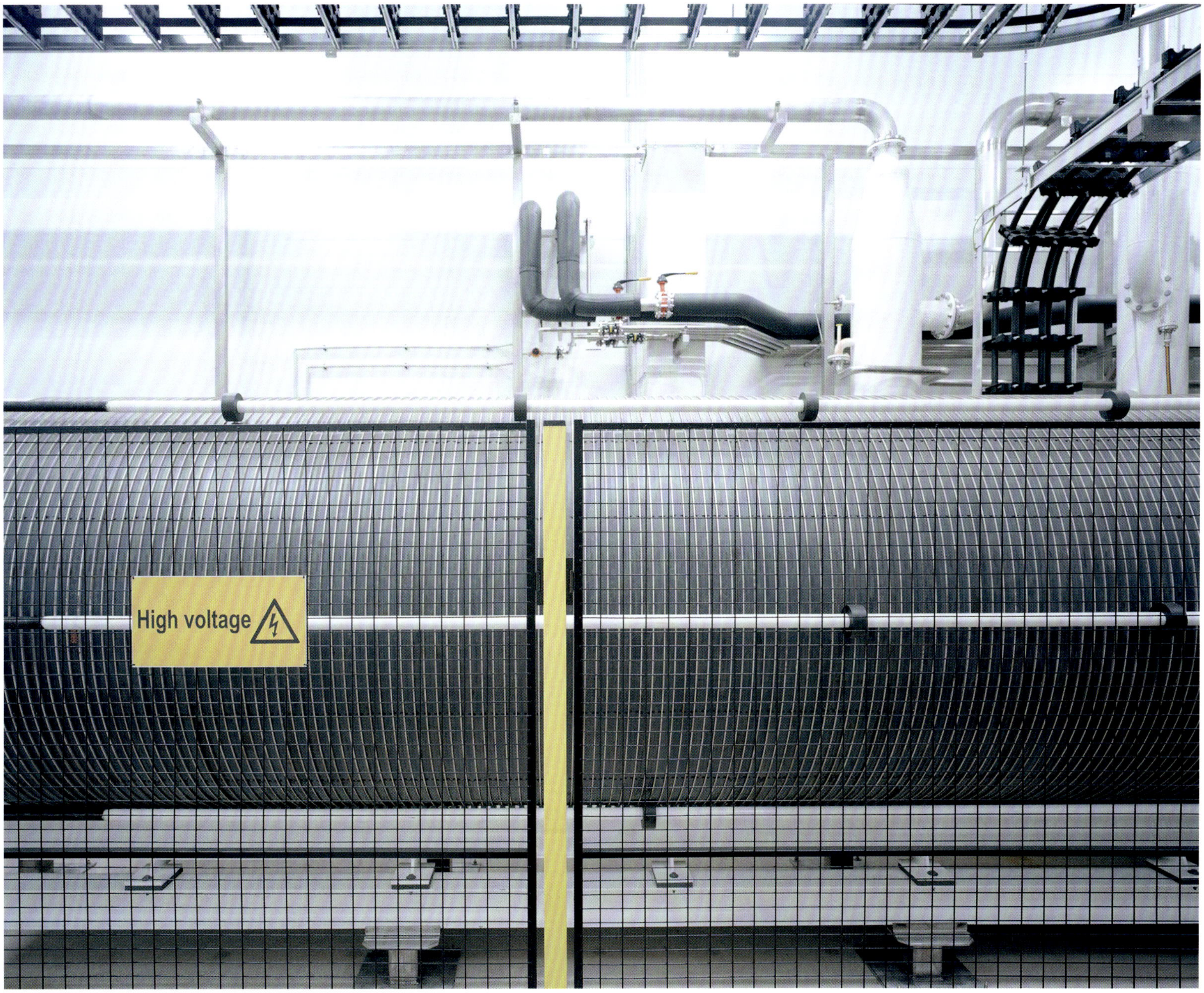
High voltage

soletair
power

10 FLI

Friedrich-Loeffler-Institut,
Ostseeinsel Riems, Deutschland

Die kleine Insel Riems beherbergt mit dem Friedrich-Loeffler-Institut (FLI) das älteste Virenforschungsinstitut der Welt. Das Institut forscht zur Gesundheit und zum Wohlbefinden lebensmittelliefernder Tiere (z. B. Rinder, Schweine, Ziegen, Schafe und Bienen) sowie zum Schutz des Menschen vor Infektionen, die zwischen Tier und Mensch übertragbar sind (Zoonosen).

Dank der Labore und Tierställe, die bis zur höchsten Biosicherheitsstufe reichen, ist es am FLI möglich, auch mit Infektionserregern wie dem Ebola- oder Nipahvirus an Großtieren zu arbeiten. Darüber hinaus wird zu Bovine spongiforme Enzephalopathie (BSE), Maul- und Klauenseuche, Schweinepest, Vogelgrippe, Coronaviren oder dem Krim-Kongo-Hämorrhagischen-Fieber geforscht. Die Ergebnisse fließen in die Verbesserung der Diagnostik, in mögliche Präventions- und Bekämpfungsstrategien sowie in die Entwicklung geeigneter Impfstoffe ein. Die hermetisch abgeriegelte Insel ist Tierseuchensperrgebiet und für die Öffentlichkeit nicht zugänglich.

Friedrich-Loeffler-Institut,
Riems, Baltic Sea, Germany

The small island of Riems is home to the Friedrich-Loeffler-Institut (FLI), the oldest virus research institute in the world. The institute's aims are to improve the health and well-being of animals involved in our food chain (such as cows, pigs, goats, sheep, and bees) and increase protection from infections that can be transmitted between animals and humans (zoonoses).

Thanks to the laboratories and animal stalls at the FLI, which operate under the strictest level of biosafety, it is possible to work with pathogens such as the Ebola or Nipah viruses on large animals. Research is also carried out on bovine spongiform encephalopathy (BSE), foot-and-mouth disease, swine fever, bird flu, coronaviruses, and Crimean-Congo hemorrhagic fever. Research results lead to the improvement of diagnosis, the formation of possible strategies for prevention and control, as well as the development of suitable vaccines. The hermetically sealed island is a restricted zone for animal diseases and is closed to the public.

Betreten
verboten

Gaswarnanlage
Hauptalarm
Gaswarnanlage
Betrieb

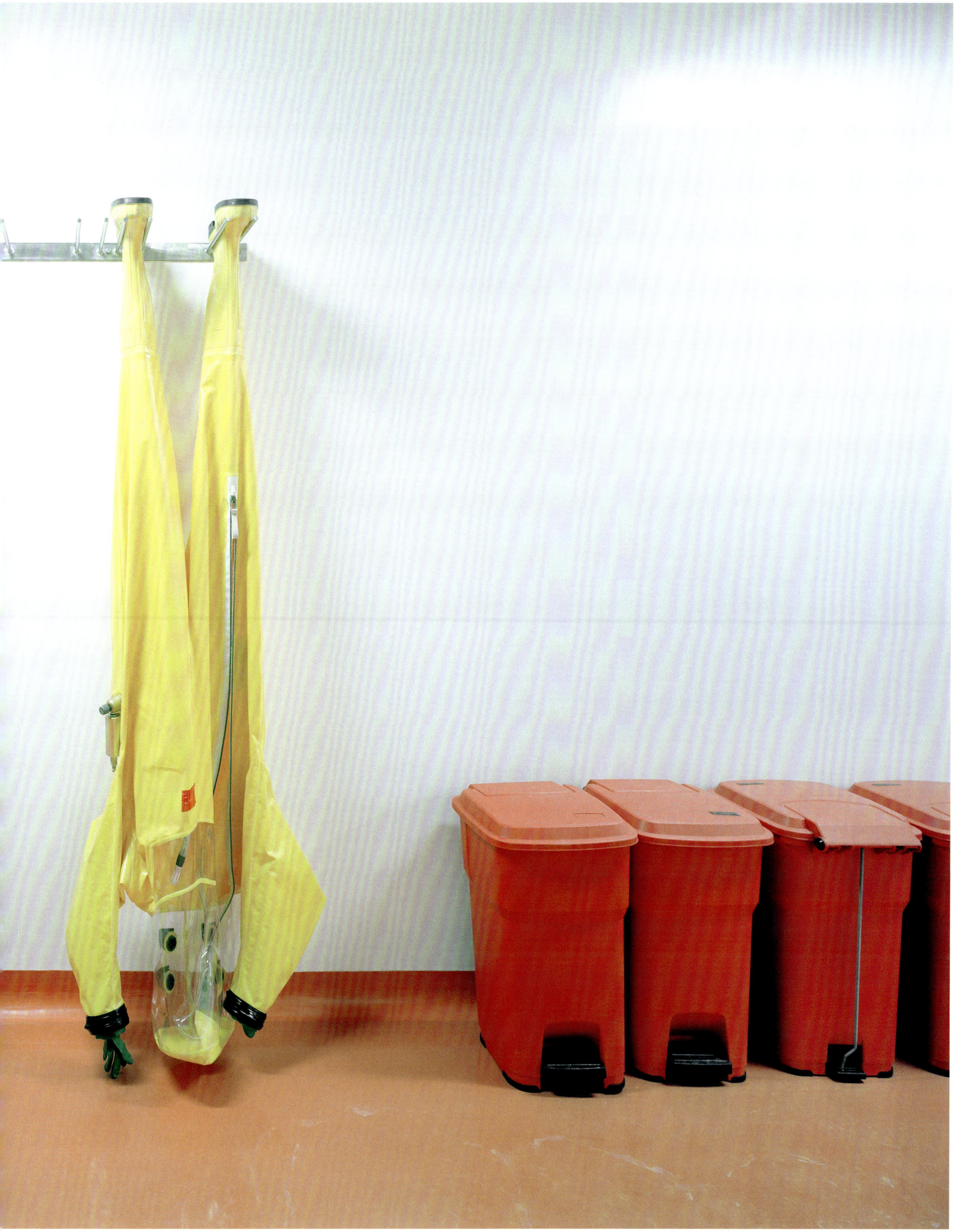

Im Havariefall
S4
Schutzstufe 4
nach BioStoffV

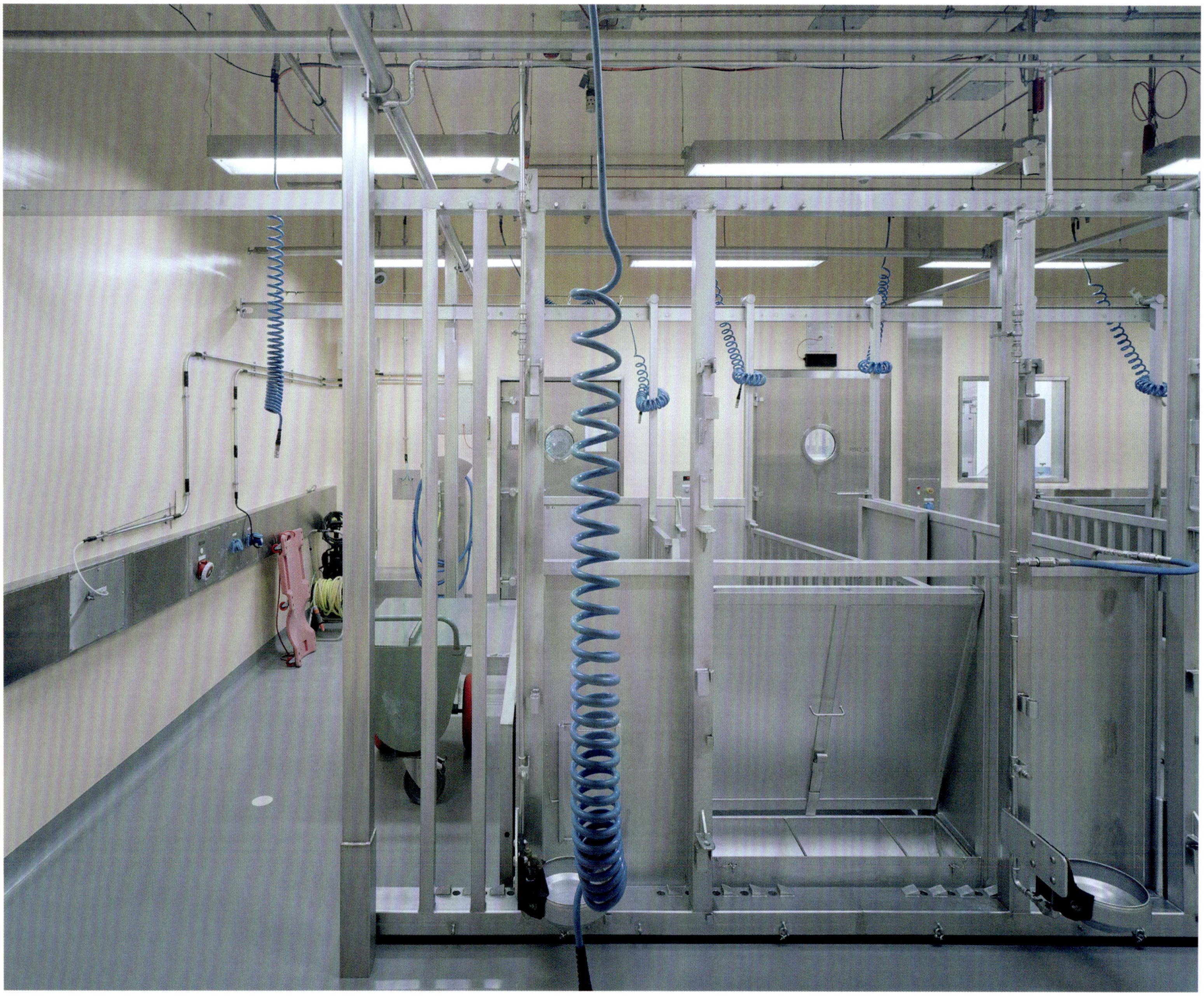

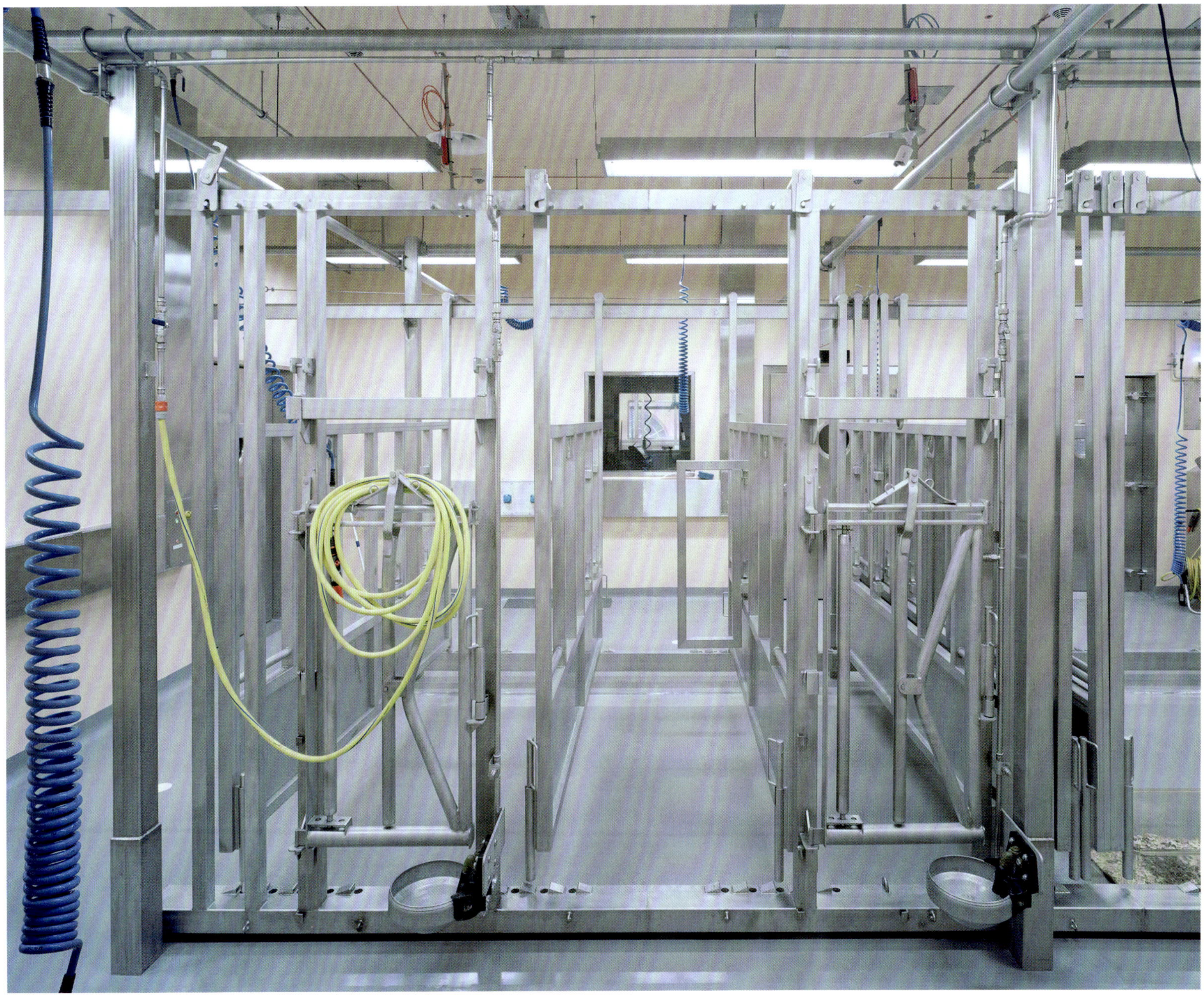

Tierraum der Biosicherheitsstufe 4 Zoonosen. In Europa verfügt nur das FLI über die Genehmigung, in dieser höchsten Sicherheitsstufe in zwei Tierräumen mit Großtieren (Rinder, Schweine, Schafe) zu forschen.

Animal room in biosafety area 4 zoonoses with the facility for keeping cattle. In Europe, only the FLI can conduct research on large animals (cattle, pigs, sheep) at the highest safety level, which it does in two animal rooms.

Käfigwechselstation in einem Stallraum der Biosicherheitsstufe 4 Zoonosen. Hier werden unter anderem Blutproben von kleineren Tieren wie Hamstern oder Frettchen entnommen oder Sektionen der Kleintiere durchgeführt.

Animal cage changing station in a biosafety level 4 zoonoses controlled environment. Here, blood samples are taken from small animals, such as hamsters or ferrets, or autopsies are performed on them.

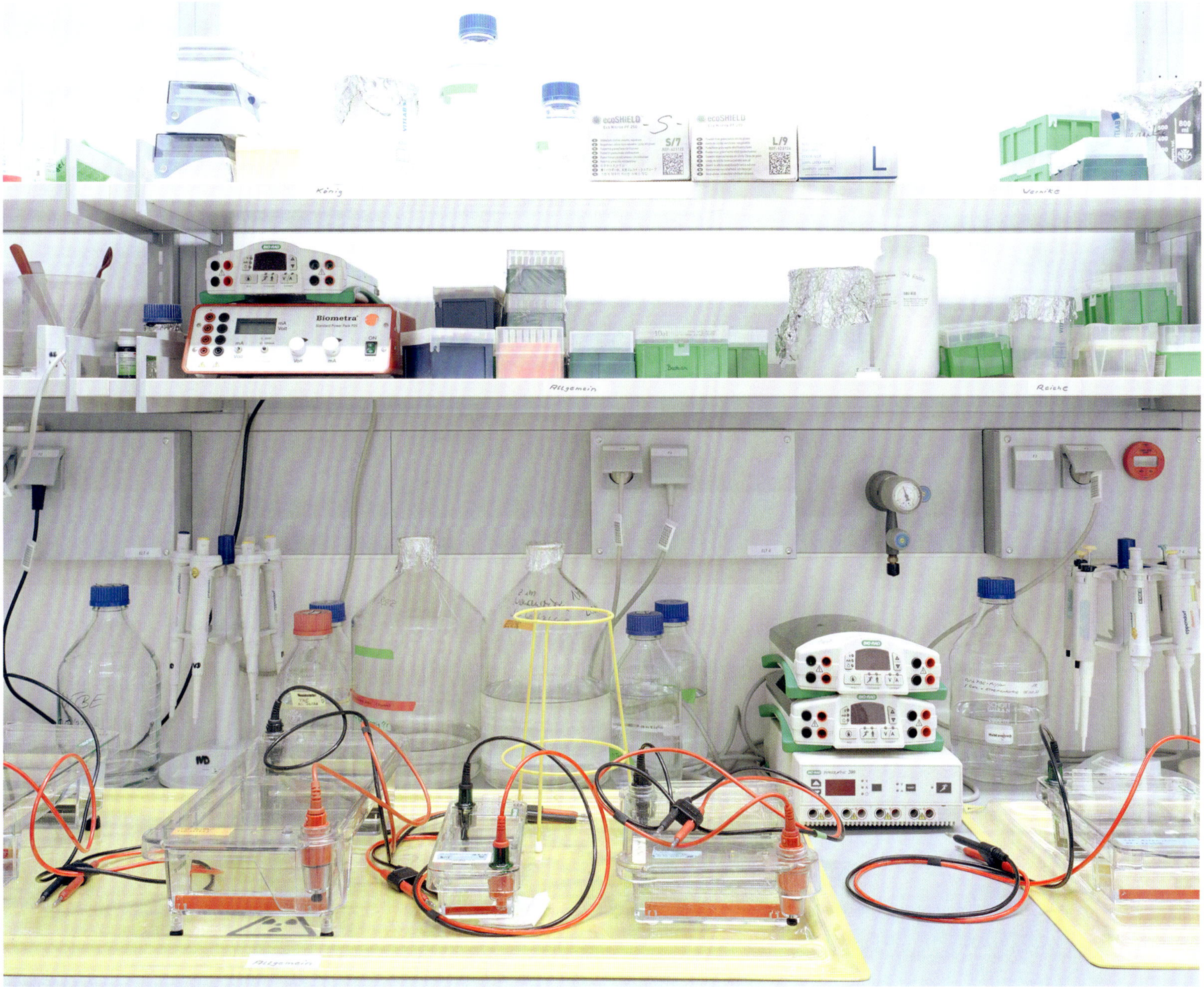

Elektrophorese von Agarosegelen in einem Labor der Biosicherheitsstufe 2. Mithilfe dieser Technik wird Erbgut untersucht beziehungsweise für weitere Untersuchungen aufbereitet. Dazu werden die Nukleinsäurestränge in einem elektrischen Feld nach ihrer Größe getrennt.

Electrophoresis of agarose gels in a biosafety level 2 laboratory. This technique is used to examine or prepare genetic material for further analysis. In an electric field, nucleic acid strands are separated according to their size.

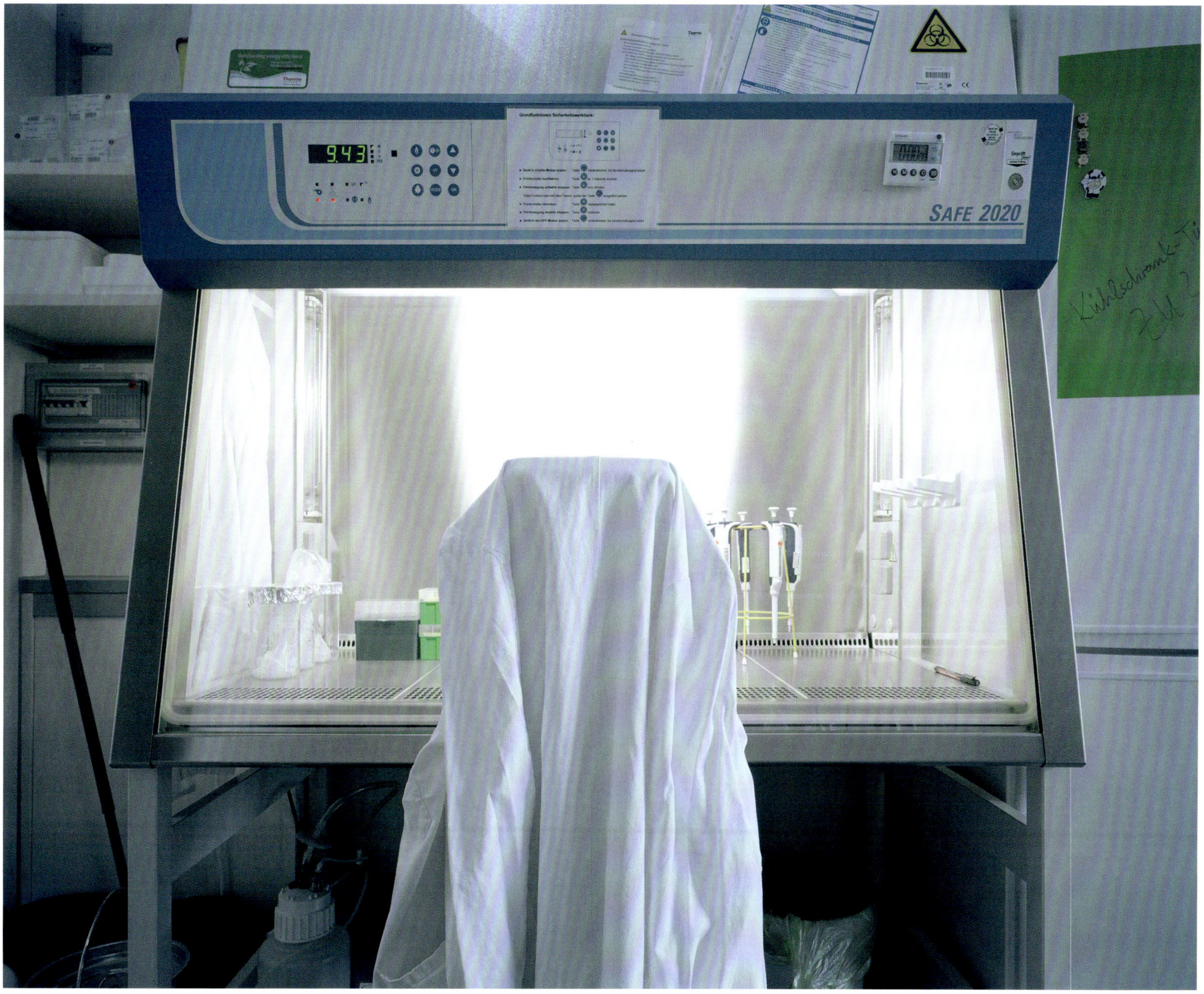

S. 210–211: Mäusezucht in der Tierhaltung des FLI. Für die notwendigen Tierversuche werden am FLI kommerziell eher nicht verfügbare Spezies gezüchtet und dann bis zum Einsatz im Versuch gehalten.

pp. 210–211: Mouse breeding at the FLI animal facility. At the FLI, species that are not commercially available are bred and then kept until they are used for necessary animal experiments.

Stallraum für Palmflughunde. Am FLI werden Palm- und Nilflughunde gezüchtet und gehalten, da sie für verschiedene Viren das natürliche Reservoir bilden. Fledertiere sind evolutionsbiologisch sehr alt und können eine ganze Reihe von Infektionserregern in sich tragen, ohne selbst zu erkranken.

A controlled environment specially equipped for fruit bats. Straw-colored fruit bats and Egyptian fruit bats are bred and kept at the FLI as they serve as the natural reservoir for various viruses. From an evolutionary biology perspective, bats are very old. Although they carry a wide range of infectious agents, they do not fall ill themselves.

Frettchenzucht in der Tierhaltung des FLI. Frettchen sind Modelltiere für verschiedene Infektionskrankheiten und -erreger. Da die Zellen ihrer Atemwege denen des Menschen sehr ähnlich sind, wurde mit ihnen zum Beispiel ein Impfstoffkandidat gegen SARS-CoV-2 getestet.

Ferret breeding in animal husbandry. Ferrets are model animals for various infectious diseases and pathogens. The cells of their respiratory tract are very similar to those of humans, which is why they were used to test a vaccine candidate against SARS-CoV-2, for example.

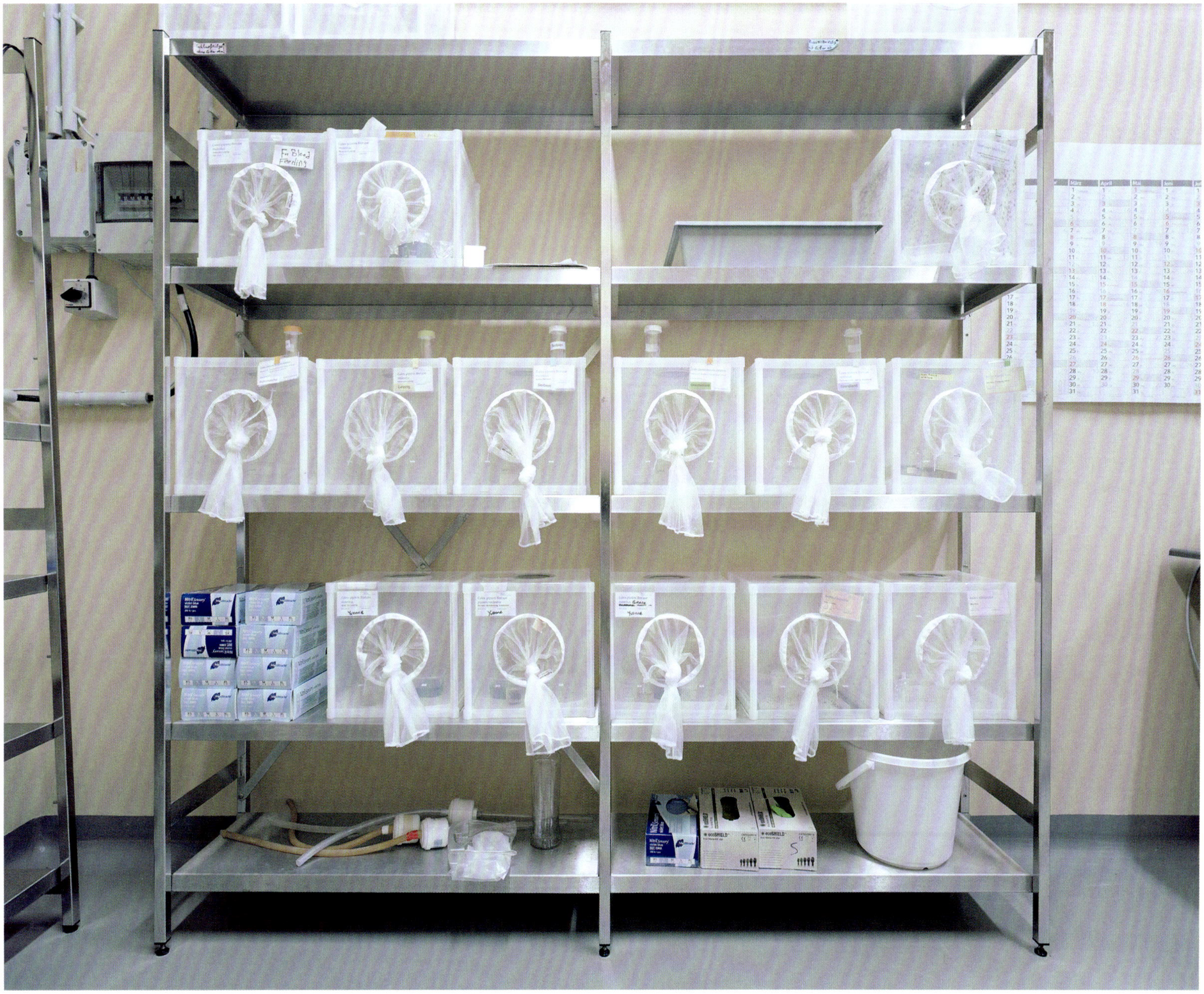

Insektarium in einem Tierraum der Biosicherheitsstufe 2. In den mit Gaze umspannten Käfigen werden Mücken gezüchtet und gehalten, unter anderem auch die Asiatische Tigermücke.

Insectarium in a biosafety level 2 animal room, where mosquitoes, including the Asian tiger mosquito, are bred and kept in cages covered with gauze.

Fischhälterung in der Tierhaltung des FLI. Das Institut forscht auch zu verschiedenen Fischkrankheiten und betreibt hierfür die Nationalen Referenzlabore.

Fish tanks in the FLI animal facility. The institute also conducts research on various fish diseases and operates the National Reference Laboratory for this purpose.

Auffang-
behälter 2
AF2

S. 218–219: Untergeschoss mit Entsorgungstechnik in der Biosicherheitsstufe 4 Zoonosen. Sämtliche Abwässer werden in großen Killtanks und Auffangbehältern gesammelt und dann im Gebäude thermisch inaktiviert, bevor sie in die institutseigene Kläranlage fließen.

pp. 218–219: Lower level of the laboratory building with disposal technology for biosafety level 4 zoonoses. All wastewater is collected in large kill tanks and collection containers and then thermally inactivated in the building before being sent to the institute's own wastewater treatment plant.

Rotationsautoklav. Der Behälter dient der Inaktivierung von infektiösem Material (Versuchstiere) unter kontrollierter Temperatur und Druck. Die Rotation ermöglicht gleichzeitig eine Zerkleinerung des Materials.

Rotary autoclave. Inactivation of infectious material (laboratory animals) under controlled temperature and pressure. The rotation also comminutes the material.

11 BFD

Big Food Data

Im digitalen Hintergrund steuern Großkonzerne das Nahrungsverhalten der Menschen massiv. Das enorme Datenaufkommen erfordert immense Rechenkapazitäten, für die Serverfarmen genutzt werden.

Über Einkäufe, Apps, Onlineplattformen sowie vernetzte Küchengeräte werden Daten gesammelt und verwertet. Auf Basis dieses Data-Minings überwachen, selektieren und beeinflussen Algorithmen den Konsum. Stellvertretend für die bereits heute weit fortgeschrittene Digitalisierung des Nahrungsmittelsektors wurden für diese Serie zwei Hochsicherheitsrechenzentren in Schweden und Island in den Blick genommen.

Big Food Data

In the digital realm, large corporations exercise huge control over human eating behavior. The enormous amount of data involved requires immense computing capacity, which is provided by server farms.

Data is collected and used via purchases, apps, online platforms, and networked kitchen appliances. Based on this data mining, algorithms monitor, select, and influence consumption. For this series, two high-security data centers in Sweden and Iceland were chosen as representatives of the food sector's advanced digitalization.

PIONEN
WHITE MOUNTAINS

In einem ehemaligen Atomschutzbunker verbirgt sich das schwedische Rechenzentrum Pionen White Mountain, das als eines der sichersten und widerstandsfähigsten Rechenzentren der Welt gilt und einst auch von WikiLeaks genutzt wurde. Bei einem etwaigen Stromausfall erzeugen Dieselgeneratoren aus U-Boot-Motoren die notwendige Energie, um die Anlage weiterzubetreiben.

Hidden in a former nuclear bunker is the Swedish data center Pionen White Mountain, which is considered one of the safest and most resilient data centers in the world and was once used by WikiLeaks. In the event of a power outage, diesel generators from submarines produce the energy needed to continue running the facility.

IBM STORAGE
FUSION

D4
D5

Das Rechenzentrum von Verne Global befindet sich auf einem 16 Hektar großen Campus, einem ehemaligen NATO-Stützpunkt in Keflavík, Island. Für die Stromversorgung und Kühlung nutzt es die in Island reichlich vorhandenen erneuerbaren Energien und ist daher eine attraktive Option für Unternehmen, die anspruchsvolle Datenverarbeitungsaufgaben durchführen.

Verne Global's data center is located on a 16 hectare campus built on a former NATO base in Keflavík, Iceland. It uses Iceland's abundant renewable energy sources for power and cooling operations. This makes it a popular choice for high-intensity computing applications, especially for companies running demanding workloads.

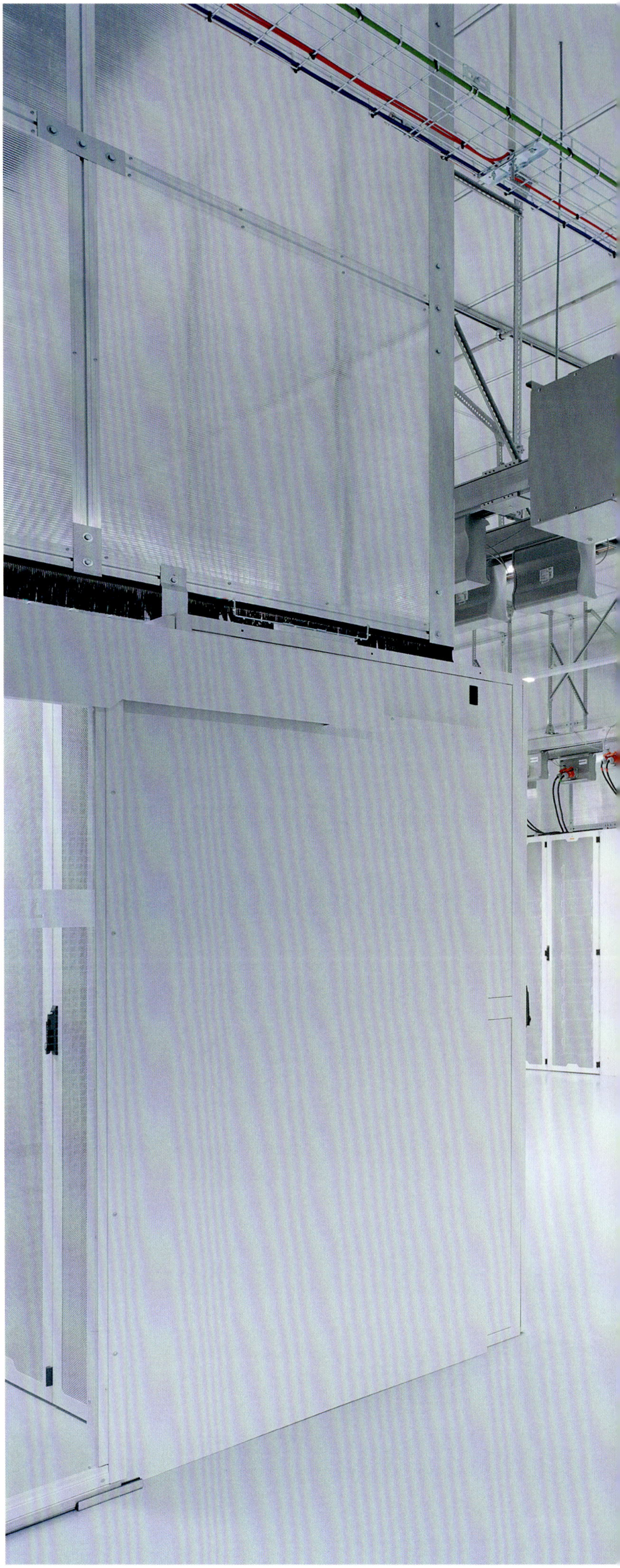

12 EDI

EDEN Initiative

Die EDEN Initiative am Deutschen Zentrum für Luft- und Raumfahrt in Bremen erforscht, wie Menschen bei Weltraummissionen mit frischem Obst und Gemüse versorgt werden können. Hierzu wurde in der Antarktis eine mobile Testeinrichtung konstruiert, die es ermöglicht, frische Nahrungsmittel zu produzieren sowie Sauerstoff und Wasser in extremen Umgebungen zu gewinnen. Ziel ist es, Schlüsseltechnologien und operative Verfahren für solche Missionen zu entwickeln und zugleich wichtige Erkenntnisse für die Nahrungsmittelproduktion in extremen Klimazonen zu gewinnen. Im Fokus stehen bioregenerative Lebenserhaltungssysteme, mit denen sich wasserreiche Pflanzen züchten lassen. Derzeit wird die Anlage für ihren Einsatz im Folgeprojekt EDEN LUNA vorbereitet, einer Mondtestanlage in Köln, um die Infrastruktur für zukünftige Mondmissionen zu testen.

LUNA Analog Facility:
Europas „Mond auf der Erde"

Die Mondsimulationsanlage LUNA, betrieben von der Europäischen Weltraumorganisation (ESA) und dem Deutschen Zentrum für Luft- und Raumfahrt (DLR), wird die Zukunft der Mondforschung maßgeblich prägen. Sie befindet sich neben dem Europäischen Astronautenzentrum der ESA und bereitet Astronaut:innen, Wissenschaftler:innen und Ingenieur:innen auf ein Leben und Arbeiten auf dem Mond vor.

Die Anlage unterstützt die Forschung zu Weltraumtechnologien, wodurch Erkenntnisse für Missionen wie das Artemis-Programm der NASA gewonnen werden. Schwerpunkte sind Robotik, künstliche Intelligenz, Ressourcennutzung, regenerative Energien und virtuelle Realität.

Auf 700 Quadratmetern wurde die Mondoberfläche mit 900 Tonnen Basaltmaterial nachgebildet. Ein tiefer Bodenbereich ermöglicht bis zu drei Meter tiefe Bohrungen, ein Sonnensimulator ahmt den Mond-Tag-Nacht-Zyklus nach und geplant sind auch ein Schwerkraftentlastungssystem sowie Rampen für Mobilitätstests. Mithilfe externer Module können sowohl Elemente für Mondstationen gebaut als auch autonome Systeme und der Closed-Loop-Betrieb unterstützt werden.

EDEN Initiative

The EDEN Initiative at the German Aerospace Center in Bremen is researching how humans can be supplied with fresh fruit and vegetables during space missions. To this end, a mobile test facility was constructed in Antarctica that can be used to produce fresh food and obtain oxygen and water in extreme environments. The aim is to develop key technologies and operational procedures for such missions while providing important insights into food production in extreme climate zones. The focus is on bioregenerative life support systems that can be used to grow water-rich plants. The system is currently being prepared for its use in the follow-up project, EDEN LUNA, a lunar test facility in Cologne that will test the infrastructure of future lunar missions.

LUNA Analog Facility:
Europe's "Moon On Earth"

The LUNA lunar simulation facility, operated by the European Space Agency (ESA) and the German Aerospace Center, will play a pivotal role in advancing lunar research. Located next to the ESA's European Astronaut Center, it prepares astronauts, scientists, and engineers for life and work on the moon.

The facility supports research into space technologies, providing insights for missions such as NASA's Artemis program. The focus is on robotics, artificial intelligence, resource utilization, renewable energy, and virtual reality.

The lunar surface has been recreated across 700 square meters using 900 tons of basalt material. A deep soil area allows drilling up to 3 meters deep, a solar simulator mimics the lunar day/night cycle, and a gravity release system as well as ramps for mobility tests are also planned. External modules can be used to construct components for lunar stations and support autonomous systems and closed-loop operations.

esa

esa
esa

ALL-IN-ONE APPROACH
CULTIVATION ROOM
ON

KEEP DOOR ALWAYS SHUT
DLR

heliospectra
SG4-2C
heliospectra
SG4-1C

13 KRC

Kakuma Refugee Camp, Kenia

Kakuma liegt in Nordkenia an der Grenze zum Südsudan und Uganda. Mit 300.000 Menschen ist es eines der größten und ältesten Flüchtlingslager der Welt.

Das Camp wurde 1992 für zunächst etwa 30.000 bis 40.000 geflüchtete Kinder und Jugendliche aus dem Südsudan, den sogenannten Lost Boys, eingerichtet. Neben den Sudanesen stellen heute Menschen aus Äthiopien, Somalia, Eritrea, Burundi, Ruanda, Uganda und dem Kongo die größten Gruppen. Die Zahl der Lagerbewohner:innen übersteigt die der lokalen Turkana-Bevölkerung in dieser dünn besiedelten Wüstenregion bei Weitem. Dadurch kommt es neben den Konflikten zwischen den Ethnien innerhalb des Lagers auch zu Spannungen mit den Turkana. Hauptgrund hierfür ist der massive Wasser- und Nahrungsmangel. Die Dürrezeiten finden in immer kürzeren Abständen statt und dauern länger. Sowohl die Region als auch das Camp selbst werden der höchsten Sicherheitsrisikostufe zugeordnet.

Trotz der schwierigen Situation im Lager gibt es eine Reihe von Flüchtlingsprojekten, die versuchen, eine gewisse Unabhängigkeit von Nahrungsmittelzulieferungen zu erreichen (Ernährungssicherheit). Dabei handelt es sich in erster Linie um agrarwirtschaftliche Ansätze, um den Wüstenboden urbar zu machen (Food Forests, Agroforstwirtschaft, Permakulturfarmen, Küchengärten etc.). Die sogenannten Treebogs, die in dieser Serie als die reduzierteste Form, Lebensmittel zu erzeugen, Eingang finden, sind im Grunde primitive Toilettenhäuser. Der Boden darunter wird gedüngt und um den Verbau herum wachsen lebensmittelspendende Bäume sowie Pflanzen. Natürlich ist solch ein Ansatz aus hygienischer Sicht kritisch zu sehen, dennoch spielen diese Bauten eine spannende symbolische Rolle innerhalb dieser Serie und stellen in einer extremen Umgebung konträre Beispiele zu den Hightech-Farmen der reichen Industrieländer dar.

Kakuma Refugee Camp, Kenya

Kakuma is in northwest Kenya, near the border with South Sudan and Uganda. Home to 300,000 people, it is one of the largest and oldest refugee camps in the world.

The camp was initially established in 1992 for around 30,000 to 40,000 child refugees from South Sudan, the so-called Lost Boys. Alongside Sudanese, the camp also houses people from Ethiopia, Somalia, Eritrea, Burundi, Rwanda, Uganda, and the Congo. The number of camp inhabitants far surpasses that of the local Turkana population in this sparsely populated desert region. Alongside conflicts between ethnic groups inside the camp, there are also tensions with the Turkana. The main reason for this is the scarcity of water and food. Droughts take place with ever shorter intervals and last longer. Both the region as well as the camp itself are categorized as having the highest level of food security risk.

Despite the difficult situation in the camp, there are various refugee projects that attempt to achieve a degree of independence from food deliveries (food security). These are primarily agricultural practices that serve to cultivate the desert soil (food forests, agroforestry, permaculture farms, kitchen gardens, and so on). So-called treebogs, which are part of the most low-tech form of food production in the camp, are essentially primitive toilet blocks. The ground beneath them is fertilized, and trees and plants that provide food grow all around the structures. This approach must of course be viewed critically from a hygiene perspective, but the structures play an exciting symbolic role within the various food security projects and represent a contrasting example in an extreme environment to the high-tech farms of rich industrial nations.

UNHCR

14 IFF

Inraren Food Forest, Marokko

Im Hohen Atlasgebirge existiert ein essbarer Wald, ein Food Forest; die Umgebung ist archaisch, trocken und wüstenhaft. Inmitten üppigen Grüns wird an diesem Ort eine Antwort auf die Frage nach langfristiger und nachhaltiger Nahrungsmittelproduktion gefunden. Seit Jahrhunderten nutzen Menschen diesen Wald am Tamraght, der reich an Kräutern und Wurzeln, Beerensträuchern, Obstbäumen und Dattelpalmen sowie Klee und Gemüse ist. Hier werden verschiedene Pflanzenarten so angeordnet, dass Biodiversität und Bodengesundheit einander bedingend gefördert werden. Ein uralter Organismus, scheinbar in sich abgeschlossen und vielleicht mehr als nur eine Alternative zur konventionellen Landwirtschaft – nicht nur hier im Hohen Atlas: Food Forests dieser Art existieren rund um den Globus.

Inraren Food Forest, Morocco

An edible forest nestles in the High Atlas Mountains of Morocco, enclosed by archaic, dry, and desert-like conditions. An answer to the question of long-term and sustainable food production is to be found here amidst lush vegetation. People have used this forest near Tamraght, which is rich in herbs and roots, berry bushes, fruit trees, and date palms, as well as clover and vegetables, for centuries. Various types of plant are arranged in such a way that biodiversity and soil health mutually reinforce one another. An ancient organism, seemingly self-contained and perhaps more than just an alternative to conventional agriculture, food forests of this kind exist not only here in the High Atlas but all around the world.

Autoren

David Julian McClements ist Distinguished Professor an der University of Massachusetts, außerordentlicher Professor an der Zhejiang Gongshang University und hatte eine Gastprofessur an der Harvard University. Seine Forschungsschwerpunkte sind Biopolymere und Kolloide in Lebensmitteln, insbesondere die Anwendung struktureller Designprinzipien zur Verbesserung von Qualität, Sicherheit, Haltbarkeit, Nachhaltigkeit und Nährwert. Der Fokus seiner aktuellen Forschung liegt auf der Lebensmittel-Nanotechnologie, kolloidalen Trägersystemen, der Entwicklung gesünderer verarbeiteter Lebensmittel und der Entwicklung der nächsten Generation pflanzlicher Lebensmittel. Er ist Autor zahlreicher Bücher, darunter *Meat Less: The Next Food Revolution* (2023), *Food Nanotechnology* (2022) und *Future Foods: How Modern Science Is Transforming the Way We Eat* (2019) sowie Co-Autor von *How to Be a Successful Scientist* (2024) and *Next-Generation Plant-Based Foods* (2022).

Lisa Ortner-Kreil, Dr. phil., hat Vergleichende Literaturwissenschaft, Kunstgeschichte und Romanistik in Wien, Innsbruck und Rom studiert. Nach Stationen bei der Kunstzeitschrift *springerin* im MuseumsQuartier Wien, in der Albertina in Wien und in den Königlichen Museen der Schönen Künste in Brüssel war sie von 2013 bis 2025 Kuratorin am Bank Austria Kunstforum Wien. Dort organisierte sie in den letzten Jahren viel beachtete Ausstellungen, zuletzt *Anton Corbijn: Favourite Darkness* (2025) und *Kiki Kogelnik: Now Is the Time* (2023). Seit 2017 kuratierte sie außerdem regelmäßig ortsspezifische Projekte zur Gegenwartskunst im tresor des Bank Austria Kunstforum Wien. 2020 gründete sie gemeinsam mit Barbara Horvath die Kunstinitiative art hoc projects, die es sich zur Aufgabe gemacht hat, hochkarätige Gegenwartskunst an atypische Orte zu bringen. Ortner-Kreil publiziert regelmäßig zu moderner und zeitgenössischer Kunst und ist Mitglied mehrerer Kunstjurys.

Authors

David Julian McClements is Distinguished Professor at the University of Massachusetts, Adjunct Professor at Zhejiang Gongshang University, and has been Visiting Professor at Harvard University. He specializes in food biopolymers and colloids, with an emphasis on using structural design principles to improve the quality, safety, shelf-life, sustainability, and nutritional value of foods. His recent research focuses on food nanotechnology, colloidal delivery systems, designing healthier processed foods, and creating next-generation plant-based foods. He is the author of several books, including *Meat Less: The Next Food Revolution* (2023), *Food Nanotechnology* (2022), and *Future Foods: How Modern Science Is Transforming the Way We Eat* (2019), as well as coauthor of *How to Be a Successful Scientist* (2024) and *Next-Generation Plant-Based Foods* (2022).

Lisa Ortner-Kreil, PhD, studied Comparative Literature, Art History, and Romance Studies in Vienna, Innsbruck, and Rome. After working for the art magazine *springerin* at the MuseumsQuartier Vienna, the Albertina in Vienna, and the Royal Museum of Fine Arts of Belgium in Brussels, she has been a curator at the Bank Austria Kunstforum Wien since 2013, where she has organized highly acclaimed exhibitions, most recently *Anton Corbijn: Favourite Darkness* (2025) and *Kiki Kogelnik: Now Is the Time* (2023). Since 2017, she has also curated regular site-specific projects on contemporary art at the Bank Austria Kunstforum Wien. In 2020, she founded the art initiative Art Hoc Projects together with Barbara Horvath, which aims to bring high-quality contemporary art to atypical locations. Lisa Ortner-Kreil publishes regularly on modern and contemporary art and sits on several art juries.

Björn Viðar Aðalbjörnsson
Tom Ashforth
Claire Ayles
Victor Balko
Sylvia Ballhause
Aylin Baylan
Emma Besnardeau
Pascal Bagirenge Blaise
Albin Blath
Erik Clewe
Vali George Costea
Elizabeth Cronin
Waltraud Dennhart-Herzog
Lisa Dormayer
Markus Dorn
Alexander Dressel
Sandra Dürdoth
Flemming Dyring
Naomi Eyena
Susanne Fahle
Julia Frohnhoff
Jean Noël Gertz
Kiddi Haflidason
Tom Henheffer
Melissa Huber
Helgi Jóhannesson
Akso Kaposho
Barbara Karpf
Cassandre Kaufman
Klaus Kehrer
Betty + Sammy Kogvik
Vicky Kummer
Martina Kuso
Jonathan Boss Larsen
Katja Lenz
Lukas Lenz
Kirsten Limberg
Petra Loho
Sam Lotz
Alexander Mathys
David Julian McClements
Marcelin Munga
Rohan Munnolimath
Waylon Nahaglulik
Lisa Ortner-Kreil
Travis Parman
Carleigh Paul
Laura Pecoroni
Samuel Perrella
Julie Pontonnier
Elke Reinking
Jeremy Ross
Jonas Rugaard
Laura Sinisalo
Tom Streicher
Stefan Tagwerker
Philip Thomas
Kristian Thorin
Jörg Ullmann
Katharina Wenkler
Meine Familie / My family

Mein aufrichtiger Dank gilt allen großartigen Menschen, Institutionen und Unternehmen, deren Unterstützung dieses Projekt erst möglich gemacht hat.

My sincere thanks go to all the great people, institutions, and companies whose support made this project possible.

Agronutris, FR (→ 62–71)
Algenfarm Klötze, DE (→ 90–101)
AppHarvest, US (→ 104–129)
Arctic Research Foundation, CA (→ 26–39)
Bahnhof AB, SE (→ 226–239)
Deutsches Zentrum für Luft- und Raumfahrt / German Aerospace Center, DE (→ 254–263)
EDEN ISS, DE (→ 260–263)
EDEN LUNA / LUNA Analog Facility, DE (→ 256–259)
European Space Agency (→ 254–259)
Farming & Health Education, KE (→ 264–275)
Friedrich-Loeffler-Institut, DE (→ 190–223)
Friends of Nature, KE (→ 264–275)
Jellyfish Farm, DE (→ 40–49)
Jongerius ecoduna, AT (→ 74–79)
Kakuma Social Agri-Ventures, KE (→ 264–275)
La Caverne, FR (→ 148–157)
Loki Foods, IS (→ 168–173)
Naurvik Project, CA (→ 26–39)
Nordic Harvest, DK (→ 138–147)
Planted, CH (→ 160–167)
Refugee and Host Resilience Initiative, KE (→ 264–275)
Solar Foods, FI (→ 174–189)
Vaxa, IS (→ 80–89)
Verne Global, UK/IS (→ 240–253)
Ÿnsect, FR (→ 52–61)

Und allen weiteren Personen, die mich während des gesamten Entstehungsprozesses mit ihrem Fachwissen, ihren wertvollen Ratschlägen, nützlichen Hinweisen und Kontakten maßgeblich begleitet und unterstützt haben.

And to all the other people who provided me with significant support and assistance throughout the entire creative process, sharing their expertise, valuable advice, useful tips, and contacts.

Texte / Texts:
David Julian McClements, Lisa Ortner-Kreil, Gregor Sailer, Stefan Tagwerker
Übersetzungen / Translations:
Tom Ashforth, Susanna Fahle
Verlagslektorat / Copy-Editing:
Kirsten Limberg, Philip Thomas
Projektmanagement / Project Management:
Kehrer Verlag (Sylvia Ballhause)
Gestaltung / Design:
Studio Victor Balko
Bildbearbeitung / Image Processing:
Kehrer Design (Erik Clewe), Gregor Sailer
Herstellung / Production Management:
Kehrer Design (Tom Streicher)

Umschlagabbildung / Cover Illustration:
Insektenfarm / Insect Farm, Amiens, Frankreich / France, 2023

Bibliografische Information der Deutschen Nationalbibliothek
Die Deutsche Nationalbibliothek verzeichnet diese Publikation in der Deutschen Nationalbibliografie; detaillierte bibliografische Daten sind im Internet über https://dnb.dnb.de abrufbar.

Bibliographic information published by the Deutsche Nationalbibliothek
The Deutsche Nationalbibliothek lists this publication in the Deutsche Nationalbibliografie; detailed bibliographic data is available on the Internet at https://dnb.dnb.de.

Printed and bound in Germany
ISBN 978-3-96900-212-4

Kehrer Verlag Heidelberg
www.kehrerverlag.com

Dieses Projekt wurde von der Alexander Tutsek Stiftung, München, und der Bildrecht GmbH, Wien, gefördert.

Gedruckt mit Unterstützung von:
Bundesministerium für Wohnen, Kunst, Kultur, Medien und Sport der Republik Österreich
Land Tirol, Abteilung Kultur
Stiftung Kulturwerk der VG Bild-Kunst, Bonn

Bundesministerium Wohnen, Kunst, Kultur, Medien und Sport
LAND TIROL
Bildrecht
Bild Kunst KULTURWERK